JN312502

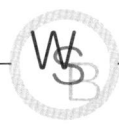

早稲田社会学ブックレット
［社会調査のリテラシー　6］

大久保 孝治

ライフストーリー分析
——質的調査入門

学文社

はじめに

　近年（21世紀に入ってから），「ライフストーリー」（人生の物語）という言葉がタイトルに入った本の出版が増えている（巻末の〈参考文献〉を参照）．他方，「ライフヒストリー」（生活史）についての新刊本をあまり見かけなくなった．

　「ライフヒストリー」と「ライフストーリー」の異同は必ずしも明確ではない．異同をはっきりと意識して使っている人もいれば，そうでない人もいる．異同を明確にすることが必ずしもよいとは限らないが（実際にはそれほど明確でないものを無理に明確にしようとすれば，それぞれの言葉の含意を貧しくしてしまうから），筆者は「ライフヒストリー」と「ライフストーリー」の異同について以下のように考えている．

(1) 「ライフヒストリー」では聞き手は「くろこ」的な存在と考えられていた．「あなたの人生について聞かせてください」と最初の問いを発したら，あとはできるだけ語り手に働きかけることはせず，黙ってうなずきながら，話に耳を傾ける．そういうイメージである．しかし「ライフストーリー」では聞き手はもっとアクティブな存在，「ライフストーリー」の共同制作者として考えられている．聞き手がA氏であろうとB氏であろうと，語り手は同じ「ライフストーリー」を語るわけではなく，聞き手が違えば「ライフストーリー」の内容は微妙に，ときには劇的に，変化するのだと．ここには社会構築（構成）主義的な考え方がはっきりと見てとれる．

(2) 「ライフヒストリー」は語り手の「これまでの人生」の全体に及ぶものと考えられている．語り手の年齢によってはかなりの長篇となる．しかし「ライフストーリー」は，そうしたものだけでなく，人生のある時期の1つのエピソードが単独で語られている場合も含

まれる.

(3) 「ライフヒストリー」はあくまでも「ヒストリー」(歴史)であり,過去を回想して語られた(書かれた)ものであるが,「ライフストーリー」には未来を展望して語られた(書かれた)ものも含む.人間的な時間の構造においては,現在は過去と未来の接点ではなく,(回想された)過去と(展望された)未来の両方を包括するものである.

(4) 「ライフストーリー」は自己論(アイデンティティ論)と密接に関連している.人は「私」を語ることを通して「私」になっていく.語ることはモノローグ(独白)ではなく,ダイアローグ(対話)であり,語ることを通して「私」は自分という人間がどういう人間であるか,どういう人生を歩んでいるのかを改めて認識すると同時に,他者から認識(承認)されるのである.

(5) 「ライフヒストリー」は個人の「語り」であるが,「ライフストーリー」はそれにとどまらず,個人の「語り」を規定している文化(制度)としての「語り」をも含む概念である.「あなたの人生について話してください」と言われて,それができるのは,われわれが人生の語り方について知っているからである.もしそうでなければ,われわれはこの要求に対してただ立ちすくんでしまうだろう.「あなたの人生について話してください」というのは「あなたの右手を上げてください」というのとは訳が違う.とてつもなく複雑なことを要求しているのである.にもかかわらず,立て板に水とはいかないものの,誰もが自分の人生を語ることができてしまうのは,人生を語るとはこのようにすることなのだという一種のガイドライン,語り方についてのモデルのようなものを,これまでの人生で学んで知っているからである.

最後に述べた**個人の「語り」としての「ライフストーリー」**と**文化**

（**制度**）としての「ライフストーリー」の区別は本書においてとくに重要なので，第1章で詳しく論じる．

　本書の前半，第2章，第3章，第4章では，個人の「語り」としての「ライフストーリー」をインタビュー調査を通して収集，加工，分析する方法を実践的に説明する．

　本書の後半，第5章，第6章，第7章では，書籍や新聞というメディアの中に見られる「ライフストーリー」に着目し，分析を試みる．それらのあるものは当初は個人の「語り」であったとしても，メディアの中に取り込まれることによって，読者にとっては「語り」のモデル（負のモデルである場合も含めて），つまり文化（制度）としての「ライフストーリー」として機能しているのである．

　2009年9月

　　　　　　　　　　　　　　　　　　　　　　　大久保　孝治

目　　次

第1章　ライフストーリーとは何か　　7
　1.1　個人の「語り」としてのライフストーリー・・・・・・・・7
　1.2　文化（制度）としてのライフストーリー・・・・・・・・・11

第2章　ライフストーリー・インタビューの実践(1)データの収集　　17
　2.1　インタビューの準備段階・・・・・・・・・・・・・・・17
　2.2　インタビュー当日・・・・・・・・・・・・・・・・・・20

第3章　ライフストーリー・インタビューの実践(2)データの加工　　29
　3.1　ライフストーリーの編集・・・・・・・・・・・・・・・29
　3.2　ライフストーリーの検討・・・・・・・・・・・・・・・36

第4章　ライフストーリー・インタビューの実践(3)データの分析　　41
　4.1　分析の進め方・・・・・・・・・・・・・・・・・・・・41
　4.2　分析の実例—親からの影響についての「語り」・・・・・・46

第5章　ライフストーリーとしての自伝　　53
　5.1　清水幾太郎と3冊の自伝・・・・・・・・・・・・・・・53
　5.2　『私の読書と人生』—知的自伝：私はいかにして社会学者と
　　　なったか・・・・・・・・・・・・・・・・・・・・・・55
　5.3　『私の心の遍歴』—家族の物語・・・・・・・・・・・・・58

第6章　ライフストーリーとしての伝記・童話　　　　　　　65

6.1　成功の物語 ・・・・・・・・・・・・・・・・・65

6.2　幸福の物語 ・・・・・・・・・・・・・・・・・69

第7章　ライフストーリーとしての人生相談　　　　　　　77

7.1　大正時代の人生相談 ・・・・・・・・・・・・・77

7.2　1960年代の人生相談 ・・・・・・・・・・・・・81

おわりに　　　　　　　　　　　　　　　　　　　　　　89
参考文献　　　　　　　　　　　　　　　　　　　　　　92

第1章 ライフストーリーとは何か

1.1 個人の「語り」としてのライフストーリー

映画『ワンダフルライフ』

是枝裕和監督の映画『ワンダフルライフ』(1999年) は,風変わりな設定の映画である.死んだ人があの世へ行く前に必ず立ち寄る施設がある.そこで彼らはその施設の職員の面接を受ける.「あなたのこれまでの人生で一番印象に残っている大切な想い出は何ですか?」と職員は質問する.施設では死者の回答をもとにして,短編映画を作成し,死者たちはその映画を観ながら,つまり人生で一番素晴らしい想い出だけを胸に(他の記憶はすべて消去される)あの世へと旅立つのである.

素人の「語り」の吸引力

死者たちを演じるのはプロの役者であったり,素人であったりする.両者の語り口には明確な違いがある.プロと素人であるから,語り口に上手・下手があるのは当然だが,言いたいのはそのことではない.プロの役者が台本に書かれた台詞を喋っているのに対して,素人は自分の実体験を話しているのだ.そこには,語り口の上手・下手ということを越えた圧倒的なリアリティの違いがある.プロの俳優が本物らしく語れば語るほど,本物らしく語ることと,本物の語りは全然違うのだということに,観客は気づくのである.

素人の語る想い出は,たとえば次のようなものである.明治45年生まれで,85歳の荒木一二(かずじ)さんはジャングルでの戦闘経験につい

て語った.

「……3月の2日の戦闘から塩分てものをとらないから力がないんですね. 手の甲なめてもしょっぱくないんですよ. だからヤシがあってもバナナがあっても木に登れないから軍刀を抜いて木を伐って倒して. ヤシを日の丸の旗に包んで背にしょって, あっち逃げこっち逃げしてやっていたんですね. で, その時, 周りを4, 50人に囲まれて, 銃を持って, 気がついたらもう銃を持って狙われてて. もうどうせ撃たれるんなら, タバコ吸って, 米の飯でも食いたいなあと思ってましてね. それで, 『ギブ・ミー・シガレット』やったんですよ. そしたらどうせ立ち上がれないと思ったんでしょう, ポケットからタバコを1本出してくれたんですよね. こりゃ話せるなと思って, 『アイ・アム・ハングリー. ボイルド・ライス・ギブ・ミー』って言ったら, なんとかかんとか言って, 米兵の肩につかまって, そこから2, 3百メートル行ったとこに, 小屋があって, ヤシの番をしている小屋があって, そこでごはんを炊いてくれて, テーブルにバナナの葉っぱを敷いて, そこへ釜からごはんを出して, それに塩をかけてくれたんですからね. もううれしくって手づかみで食べて. こりゃ話せるなと思って. そしたらニワトリがいるんですよね. ニワトリも食いたいなと思ってね. ……」

戦争の体験, その中でも戦場での体験が強烈な思い出であろうことは誰にでも想像がつく. しかし, 銃をもった多数の米兵に囲まれた場面で, 日本兵が「ギブ・ミー・シガレット」と要求するというのは凡庸な想像力では思いもつかない発想で (なにしろ「生きて捕囚の辱めを受けず」という有名な戦陣訓があった), そこから話はさらに「ボイルド・ライス」や「ニワトリ」へと展開していくのである. 身振り手振りを交えた, 訥々とした, ユーモラスで, ヒューマンな「語り」は聞き手を引き込まずにはおかない. そのときの煙草や, 塩を振って食べた炊きたてのご飯や, 鶏の丸焼き (これも塩で食べたのだろう) はさぞかし美味かったこ

とだろう．

バージョン・アップされてきた「語り」

　荒木さんの「語り」は脚本家が考えたものではない．彼のオリジナルである．とはいえ，その「語り」は映画の撮影の現場で即興で語られたものではないだろう．そこには繰り返し語られてきた「語り」だけがもつ一種の洗練が感じられる．彼はジャングルの中での経験を，戦後，さまざまな場面で，さまざまな相手に対して，繰り返し語って来たに違いない．その過程で，当然，「語り」の変容ということが起こったであろう．すなわち，当初の「語り」にあった要素が削除されたり，逆に，当初の「語り」になかった要素が付加されたり，要素間の「語り」の順番が入れ替わったりもしたかもしれない．そうやってジャングルでの経験の「語り」はバージョン・アップされてきたに違いない．なぜそういうことが起きるのか．それは単に記憶の変容というのとは違うし，ましてや記憶の捏造というのとも違う．いや，記憶の変容や捏造といってもかまわないが，ただし，それは彼の内部で，外部との接触もなく，勝手に単独で起こることではない．というのは，「語り」はモノローグ（独白）ではなく，ダイアローグ（対話）であるからだ．

語り手と聞き手の共同制作としてのライフストーリー

　「語り」は話し手と聞き手の間で展開される相互作用の所産である．語り手は自分が語りたいことだけを語るわけではない．「語り」の内容は語り手本人に帰属してはいるが，何をどのように語るかについては，聞き手の存在を抜きにしては考えることができない．たとえば，聞き手が戦友である場合と孫である場合とでは，「語り」の内容に何らかの違いが生じるであろうことは容易に想像がつくだろう．戦友と孫とでは，語り手との関係性が違うし，共有している経験や知識や関心もまったく

違うわけだから.

　基本的には,語り手は聞き手の期待(要請)に応えようとして語るものである.もちろん気が進まない場合はあろうし(語りたくないことや,語れないこと),期待に応えようとしても応えられないという場合もあるだろう(上手く語れないこと).ただしそういう場合,相互作用は持続的であることが難しい.相互作用が持続しているというのは,語り手が聞き手の期待に応えているということである.「問わず語り」という言葉はあるけれども,それはある程度「語り」が軌道に乗ってからのことで,少なくとも最初のうちは,「語り」は聞き手の「問いかけ」に対する反応として展開される.

　もちろん相手の存在に影響されるのは語り手だけではない.聞き手もまた語り手に影響されるのだ.通常,語り手は聞き手が自分の「語り」に関心を示してくれることを期待している.「こんな話,面白いですか?」と語り手は聞き手の反応を確かめようとする.だから聞き手は,相手の「語り」に頷いたり,目を輝かせたりすることによって,さらには的確な質問を重ねることによって,自分が相手の「語り」を興味深く聞いていることを示そうとする(あるいは自然にそうなる)のである.

「語り」は人生への意味付与である

　相互作用は相手の期待(要請)に応えることで持続的なものになる.ただし,それだけではない.それは同時に自分自身の期待(欲求)を充たすものでなければならない.個人が自身のライフストーリーを語るのは,たんに語ることを求められたからではなく,それを語りたいという気持ちがあるからである.語られることは過去の出来事であり,ときに未来の(起こるかもしれない)出来事だが,語り手がいるのは常に現在という時点だ.「語り」とは過去の経験そのものの再現ではなく,また,未来の経験の予言でもなく,現在という時点からの過去および未来への

意味付与なのである．「語り」に込められた懐旧や悔恨，希望や不安は，現在の語り手の意識や心理の投影である．人間的時間の構造においては，現在は過去と未来の接点ではなく，過去と未来をその内部に含むものである．過去と未来は現在の視点から不断に生きられている（意味付与をされている）のだ．「語り」の中にこそ人生の「意味」がある．ライフストーリーを語りたいという欲求は，人生の「意味」への欲求である．他者のライフストーリーを聞きたいという欲求も，それに同じである．

1.2 文化（制度）としてのライフストーリー

困った人たち

『ワンダフルライフ』には数人の「困った人たち」が登場する．これを演じるのは全員プロの役者である．

西村キヨさん（原ひさ子）は，痴呆が進んでいるのか，「結婚とかは？」「お子さんとかは？」「お孫さんとかは？」といった職員の問いかけにまったく反応しない．

庄田義助さん（由利徹）は女遊びの話ばかりを延々とする．

伊勢谷友介さん（伊勢谷友介）は「僕，選ぶつもりまったくないですから」と思い出の選択をきっぱりと拒否する．

渡辺一郎さん（内藤武敏）は「急にひとつの思い出を選ぶということになると，なんというか，具体的にどれというのはなかなか難しいですねぇ．そうすぐには浮かんでこないんですよ」と，思い出の選択に逡巡する．職員が「奥様とのご旅行とか」と誘い水を向けると，「そういった類のもの，選ばないといけませんか？」と少し表情を硬くして問い返してきた．

語らせようとする力

　夜,所長をまじえて職員たちが行う面接の進捗状況の報告会で,これら「困った人たち」のことが話題になる.

　西村さんの場合は痴呆だからいたしかたない.担当の職員曰く,「西村キヨさん,生きている間に一足早く,思い出の選択を済ましちゃってるんですよね.はじめは自分もきづかなかったんですが,もう9歳の記憶の中に生き始めちゃってるんですよ」.

　庄田さんの女性遍歴の「語り」に辟易としている担当職員は,「それをひとつに絞るのがおまえの仕事だろ」と同僚から揶揄されるが,「まぁ,まだ時間がありますし,聞くだけ聞いてあげたらいいんじゃないですか」と所長はアドバイスする.

　思い出を選ぶ意志がないと宣言した伊勢谷さんについては,職員の風当たりは厳しい.「22年生きたら何かあるだろう,ひとつくらい.おまえの聞きだし方が悪いんじゃないの」と担当職員は先輩から叱責される.さらに「なんかさぁ,スポーツの試合とかコンサートとか,その辺で適当に選ばしちゃえよ」とまで言われる.担当職員は「そういうわけにもいかないじゃないですか.ま,もう少し根気よくやってみます.すいませんねぇ,ほんとに」と頭を下げる.

　選択を拒否しているわけではないが,自分の「生きた証」がわかるような出来事を選びたいと言い,なかなかそれができずにいる渡辺さんに対しても職員はイライラを隠さない.「生きた証? 生きた証っていってもねぇ,普通さ,ほとんどの人はそんなもの残せないんだから.ここに来てから生きた証なんて捜したって遅いよ.そういうものを選びたいんだったら,生きているうちに自分でなんとかしといてくんないと,こっちが迷惑だよな」.

　こうしたやりとりから見て取れるものは,思い出を選ばせ,それを語らせようとする力の存在である.そもそもこの施設自体がそのための装

置なのであり，面接はまさに「語り」を引き出す場である．映画の設定は荒唐無稽なものであるけれども，人にライフストーリーを語らせようとする力はわれわれの社会に遍在している．たとえば，警察での取り調べ，精神分析やカウンセリング，学校の進路相談，就職活動における面接，ライフストーリー・インタビュー，これらの場面において，警察官，精神科医，カウンセラー，教師，企業の人事担当者，インタビュアーは，制度に内在する語らせようとする力の代理人である．互いに対等な立場にあると考えられる恋人同士や友人同士の間にも語らせる力は存在する．「私には隠し事をしないで全部話して」「友だちならすべて話してくれ」という言い方は，愛情や友情が語らせようとする力として作用するものであることを示している．ここでは「語り」を拒むことは難しい．拒めば愛情や友情の不在を証明することになってしまうからである．人は必ずしも単純に語りたいから語るわけではない．社会的な力というものは，行為を抑圧する（黙れ！）だけでなく，行為を強制する（語れ！）方向にも作用するのである．

　しかも，語らせようとする力は，「語り」の内容にも立ち入ってくる．庄田さんの女性遍歴を特定の女性への思い出へと収斂させることを職員は目論んでいる（ひとつに絞るのがお前の仕事だろ）．伊勢谷さんには「スポーツの試合」や「コンサート」の思い出が22歳の若者の思い出としてもっともらしいのではないかと考えている．

ありきたりの「語り」をする少女

　『ワンダフルライフ』にはこれまで見てきたのとは別のタイプの「困った人」も登場する．14歳の吉本香奈さん（吉野紗香）だ．彼女の「語り」は次のようなものである．

　「お腹が空いちゃって，ホットケーキを食べに行こうっていう話になって，ディズニーランドのホットケーキってすごく美味しくて，それ

で食べに行ったんだけど，でも，私お金が足りなくなっちゃって，ホットケーキ私だけ食べれなくて，真奈津のを1つもらって，すごい美味しくって，その後にもうお腹いっぱいになったから，今度はちょっと遠くの，あれは……スプラッシュマウンテンに乗ろうっていって，一緒に乗ろうっていう話になって，みんな一緒に乗れて……」

　吉本さんは思い出を選べないわけでも，選ばないわけでもない．友だちとディズニーランドへ行ったときのことを楽しそうに話しているのだ．しかし，面接の補助をしている若い女性の職員はいかにもつまらなそうな顔で聞いている．そう，彼女の話はつまらないのだ．ありきたりなのだ．

個性的な「語り」を求める力

　休憩時間に若い女性の職員は吉本さんに飲み物を勧めながらこんなことを言う．

　「香奈ちゃんがさ，スプラッシュマウンテンだっけ，楽しかったっていったじゃない．私はここで働くようになって1年くらいかな．それくらいになるんだけど，なんかね，30人目なんだよ．うん，ちょうど．」

　それはディズニーランドの思い出を選んだ子が30人目だという意味である．1年で30人，それが何を意味するか，そして職員が自分に何を求めているか，吉本さんは理解する．翌日，彼女は思い出の選択の変更を申し出る．「なんとなく，よくないかなぁ」と思ったのだ．彼女が改めて選択した思い出は次のようなものだった．

　「3歳くらいのときのことだと思うんだけど，夏で，お庭にヒマワリの花と，白い洗濯物が揺れていて，それでお母さんの膝まくらで耳掃除をしてもらってて．「じゃ反対」って言われて身体の向きを変えて，おなかのほうに顔を向けた時のお母さんの匂いとか，自分のほっぺがお母さんの腿のところに当たっている感じとか覚えてて．柔らかくって，

あったかくって，幸せだなぁってその時思ったわけじゃないんだけど，なんだかすごく懐かしい感じがしたから」

　語り終えて，吉本さんははにかんだような表情を見せた．面接にあたった男性職員はホッとしたように頷いた．けれど，若い女性の職員は自分のしたことが余計なお節介だったのではないか，ディズニーランドのありきたりの思い出でよかったんじゃないか，という思いに苛まれる．

　ここには現代社会における個性（自分らしさ）信仰が見て取れる．ライフストーリーはたんに語ればそれでよいというものではなく，個性的に語らなければならないのだ．誰もが語るようなありきたりの「語り」ではだめなのだ．

「よい語り」を求める社会

　ただし，注意しなくてはいけないのは，個性的とは標準的なものからの逸脱を意味するわけだが，逸脱の方向には望ましい方向と望ましくない方向とがあるということだ．たとえば庄田さんの女性遍歴の「語り」は個性的ではあるが，望ましい「語り」とはいえなかった．「それをひとつにしぼるのがおまえの仕事だろ」という同僚が担当職員に言った言葉は，性愛の対象は拡散すべきではない（１人の相手にしぼられるべきだ）という近現代社会の恋愛観を反映したものである．結局，庄田さんが最終的に選んだのは，ひとり娘の結婚式での両親への花束贈呈だった．これはまぎれもなく「よい語り」である．

　生きた証を求めて思い出の選択に逡巡している渡辺さんに担当職員が「奥様とのご旅行とか」と誘い水を向けたのも，家族にまつわる思い出を語ることが「よい語り」であると考えられているからにほかならない．思い出の選択の変更を申し出た吉野さんが，友だちとディズニーランドへ行った思い出の代わりに選んだのも，母親との思い出であった．ここには，近代社会における愛情の場としての「あたたかな家族」のイメー

ジ，家族を何よりも大切に考える（べきとする）家族中心主義を見て取ることができる．

　文化（制度）としてのライフストーリーとは，人々に，何が「よい語り」かを教えてくれるものである．教えてくれるといっても，それは学校の道徳の教科書の中に（のみ）あるわけではない．それは広くポピュラーカルチャーの中に，小説，映画，TV ドラマ，スポーツの試合，音楽，商品広告といった形態をとって存在している．人々はそれらを娯楽として消費することを通して「よい語り」を学習していくのである．

第2章 ライフストーリー・インタビューの実践(1) データの収集

2.1 インタビューの準備段階

方法論の必要性

　個人の「語り」としてのライフストーリーを収集する方法として一般的なのは，ライフストーリー・インタビューである．目の前の相手にその人のライフストーリーを語ってもらうわけだが，考えてみれば，これは少しも特殊な行為ではなく，誰もが日常生活の中でしばしば実践している行為である．あなたは両親から彼らが若かった頃の話を聞いたことがあるだろうし，友人と将来の夢や不安を語りあったことがあるだろう．であれば，とくにライフストーリー・インタビューの方法について改めて勉強する必要はないかといえば，もちろんそうではない．そうではない理由は3つある．

　第1に，通常，ライフストーリー・インタビューは初対面の相手に行うことが多い．両親や友人といった親密な他者からライフストーリーという私的な「語り」を聞くというのとは異なり，初対面の他者にライフストーリーを語ってもらうというのはかなり不自然な行為，無理のある行為である（だからお互い緊張する）．調査者（聞き手）と対象者（語り手）の間の相互作用をスムーズに進行させるための方法が必要である．

　第2に，ライフストーリー・インタビューは何らかの目的があって行われるものである．親密な他者との「語り」は，特定の目的のためでなく，あえていえば親密さを維持・強化するために行われるが，ライフス

トーリー・インタビューは対象者と親しくなるために行うわけではなく，「現代人の家族や仕事についての考え方を知るため」「人生の転機とはどういうものかを知るため」「戦争の体験を聞くため」といった特定の目的があってなされるわけであるから，ただ漠然と話を聞けばよいというものではなく，どのように話を聞けばよいのかという方法論が必要である．

　第3に，ライフストーリー・インタビューは1人の調査者が行う場合もあるが，複数の調査者が合同で（プロジェクトを組んで）行う場合もある．多数の対象者にインタビューを行おうとすれば，そうする以外にない．その場合，各調査員が独自の方法論に基づいてインタビューをしてしまっては，後からインタビューのデータを統合して利用することが困難になる．データの共同利用のためには，データの構築の仕方についての方法論が共有されている必要がある．

インタビュー対象者の選定

　以下，ここでは，筆者が勤務先の大学の社会学調査実習ゼミで行ってきたライフストーリー・インタビューをモデルにして話を進めていく．

　実習の目的は，ライフストーリー・インタビューを通して現代人の生き方について考えるというものである．対象者の選択は学生たちに任せた．「あなたがその人の話を聞きたいと思う人を2人選んでインタビューを行いなさい」というのが，対象者の選定にあたって筆者が学生に与えた基本方針である．インタビュー，それもただのインタビュー調査ではなく，相手の内面に深く踏み込むことになるライフストーリー・インタビューの場合，調査が上手くいくための必要条件の1つは，「この人の話を聞きたい」という強いモチベーションが調査員の側にあることである．

　1人の学生がインタビューする人数を2人としたのは，学生の人数が

25名前後であるので，全部で50人分のライフストーリーが得られることになり，それは十分な数とはいえないにしろ，現代人の多様な「語り」や似通った「語り」をそこからある程度は引き出すことができるだろうと考えたからである．無論，1人の学生がインタビューする人数を増やせばそれだけ収集されるライフストーリーの数も増えるわけだが，インタビュー自体は2時間前後で終わるとしても，その後に来るインタビュー記録の作成の作業の大変さ（それは後述する）を考えると，無理はしないほうがよい．

　もう1つ，1人の学生がインタビューする人数を2人としたことの意図は，できれば1人は男性，もう1人は女性を選んでほしいということがあった．また，年齢についても，同じような年齢層からではなく，異なる年齢層から選んでほしいということがあった．そうすることで対象者全体の性別と年齢に大きな偏りが生じるのを避けようとしたわけだが，あくまでも「この人の話を聞きたい人」というのが大前提である．たとえば，ある女子学生の関心が「働く女性のライフストーリー」にあるのであれば，女性2人にインタビューすることを妨げるものではない．つまり，選ばれた対象者の属性は，何らかの母集団の属性を反映するものではなく，ライフストーリー・インタビューを実施するにあたっての学生たちの関心を反映したものである．

インタビューのアポをとる

　対象者への調査依頼は，実習の目的と方法，データの扱い方について書かれた調査依頼状を携えて，個々の学生が直接行うことになる．依頼状には一般的なことしか書かれていないから，「なぜ私の話を聞きたいのか」という対象者からのしごく当然の質問に対して，学生はきちんと答えられなければならない．

　調査に応じてもらえることになったら，インタビューの日時と場所を

決める．もちろん対象者の都合を優先して決めるわけだが，インタビューは録音させていただくことになるので，あまり騒々しい場所は避けること．対象者の自宅，自宅や会社（学校）の近くの喫茶店などで行うことが多いが，先方が大学に出向いてもよいとおっしゃってくださる場合は，研究室をインタビューの場所として提供した．

インタビューのアポが取れたら，学生はそれをゼミの BBS で報告して，インタビューに同行してくれる学生（サブの調査員）を募る．サブの調査員を同行させる理由はいくつかあるが，インタビュー場面における緊張感の緩和という理由が一番大きい．学生はインタビューの初心者だし，対象者もライフストーリー・インタビューを受けることに関しては初心者である．1 対 1 の相互作用よりも，そこにもう 1 人いた方が相互作用にゆとりが生まれる．学生は自分がメインの調査員となる 2 ケースのほかに，サブの調査員となる 2 ケースを担当するので，合計 4 ケースのインタビューを経験することになる．場数を踏むことは重要で，その経験はインタビューの場面だけでなく，後からの分析の段階でも必ず生きてくる．

2.2 インタビュー当日

「現在の生活」について聞く

インタビューに出かけるときは，以下のものを忘れていないかチェックする．IC レコーダー 2 台（1 台は予備ではなく，録音ミスを想定して，同時に 2 台で録音する．以前のデータが残っていないことを確認），電池（新品をセットしておくこと），人生年表（後述），質問項目チェックリスト，ノート，筆記具，謝礼（図書券など）．IC レコーダーは，対象者の許可を取った上で，対象者と調査員の中間に置く．操作については事前にしっかり練習しておくこと．

まず，対象者の「現在の生活」について質問する．平均的な1日や平均的な1週間というものを想定してもらって，それについて語ってもらう．なかには季節によって生活のあり方が大きく違う人もいるかもしれない．仕事（学業を含む）をしている人については仕事について詳しく聞く．たとえば，「パン職人」へインタビューするのであれば，パン作りの工程について好奇心をもって詳しく尋ねること．多くの場合，職業はその人の社会的役割であり，その人の自尊感情や生活満足に大きく関わっている．

　既婚・未婚を問わず，また，同居・別居を問わず，その人の家族についての質問も欠かせない．職業がその人の日常生活の公的領域を代表するものであるとすれば，家族は私的領域を代表するものである．ただし，私的な部分であるが故に，話すことに抵抗を覚える対象者もいるであろう．そのときは無理はしてはいけない．インタビューの場はまだそんなに「暖まっていない」からだ．

　仕事と家族のほかに個人の日常生活の重要な領域・要素としては，余暇活動（趣味），友人関係，健康状態などがある．また，暮らしている場所（地域社会）についてもそれがどのようなところであるか（対象者がそれをどう見ているか）は対象者が現在の自分の生活をどう評価しているかを知る上で重要である．

　ライフストーリー・インタビューというと，対象者の子どもの頃の話から始めるというイメージがあるかもしれないが，そうではない．インタビューを「現在の生活」から始める理由は2つある．

　第1に，インタビューの開始時点にあって，調査員は対象者のことを何も知らない，あるいは（すでに面識のある人であっても）知っているようで実は知らない，少なくともそういう前提に立つべきである．先入観はインタビューの妨げになることはあっても，助けになることはない．そうであれば，対象者の過去について知ろうとする前に，まずは目の前

にいる現在の対象者について知ろうとするのが自然なことであろう．

　第2に，前章で述べたように，ライフストーリーにおいて語られることは過去の出来事であり，ときに未来の（起こるかもしれない）出来事だが，語り手がいるのは常に現在という時点である．ライフストーリーは過去の経験そのものの再現ではなく，また，未来の経験の予言でもなく，現在という時点からの過去および未来への意味付与なのである．ライスストーリーに込められた懐旧や悔恨，希望や不安は，現在の語り手の意識や心理の投影である．だから対象者のライフストーリーを分析するためには，対象者の「現在の生活」について知っておくことが不可欠なのである．

「これまでの人生」について聞く

　さて，いよいよライフストーリーの本体ともいうべき「これまでの人生」についての話を聞く．「これまでの人生」は「現在の生活」と比べて圧倒的に時間的な厚味がある．だから，限られた調査時間（平均して2時間前後）の中で「現在の生活」の場合と同じような精度で話をしていただくことは無理である．今後，二度三度と足を運ぶことができるとしても，とりあえず初回のインタビューでめざすべきは，「これまでの人生」のアウトラインについて知ることである．

　遠い過去からしだいに現在に近づいてくるというのが，ライフストーリーの因果論的（物語的）構造に即した自然なアプローチである．その際，質問のガイドラインとして有効なのは**学校経歴**における時代区分，すなわち「就学前」「小学校時代」「中学校時代」「高校時代」……という時代区分であろう．われわれの社会は早い時期（明治後半）から義務教育の就学率・通学率が非常に高い水準に達しており，しかも高学歴化が不断に進行し，現在，高校は実質的に義務教育化し，大学進学率も50％に達しようとしている．つまり現代人の20歳前後までのライフコー

スは学校経歴の時代区分がほぼ共通に妥当するのである．実際，個々人のライフストーリーも「就学前」「小学校時代」「中学校時代」「高校時代」……という章立てで編成されている場合が多く，その中に学校関連の出来事だけでなく，家族の出来事や身体に起こった出来事なども組み込まれている．だから学校経歴（小学校の入学から最終学校の卒業まで）を確認した上で，その時代区分に沿って，重要な出来事や印象に残っているエピソードなどを語ってもらうとよいだろう．

最終学校を卒業した後は，**職業経歴**の時代区分，すなわち「A社時代」「B社時代」……といった企業間移動による時代区分や，同じ企業に長期間勤めている人の場合であれば，転勤や部署・役職の異動などによる時代区分（例：「〇〇支社時代」，「営業部時代」，「課長時代」など）をガイドラインとするのがよいだろう．ただし，女性は職業経歴が短い場合が多く（結婚や出産での退職），男性の職業経歴パターンも，被雇用者と自営業者では違うし，被雇用者でもホワイトカラーかブルーカラーか，勤務先が大企業か中小企業かで相当に違ってくる．すなわち職業経歴は多様であり，共通のガイドラインというよりもそれぞれの対象者に専用のガイドラインと考えた方がよい．

最終学校を卒業した後のインタビューのガイドラインとしては，職業経歴のほかにもう1つ，**家族経歴**の時代区分，すなわち「独身時代」「新婚時代（子どもが生まれる前の時期）」「子育て期」……といった家族周期による時期区分も有効である．とくに，結婚や出産のために職業経歴が短期間で終わっている女性の場合には，家族経歴がライフコースの中心的要素になるから，家族経歴上の**標準的な出来事**を追う形でインタビューを進めていくとよい．

標準的な出来事とは多くの人が経験する出来事ということであるが（結婚・子どもの誕生・親の死など），もちろん対象者の中には，配偶者や子どもをもたない人生を生きている人もいる．ライフストーリーは基

本的には本人が経験した出来事を中心に展開されるものだが，多くの人たちが経験する出来事を経験しなかった（少なくともまだ経験していない）人の場合，その出来事を経験していないということがライフストーリーの中心的な要素になることがある．一般に多数派の選択をした人は選択の理由を尋ねられることはなく（なぜならそれが「普通のこと」だから），少数派の選択をした人だけがその理由を尋ねられる（何かしら特別の理由があるに違いないと）．だから配偶者や子どもをもたない人生を生きてきた人は，いろいろな場面で，そのことについて繰り返し語ってきた可能性が高いのである．また，経験した出来事であっても，離婚や子どもの死といった**非標準的な出来事**も，ライフストーリーの中心的な要素となる場合が多い．一般の人とは違った人生経験をしているという意識が自ずとそうさせるのであろう．

　ただし，標準的な出来事経験の欠落や，非標準的な出来事経験について話を聞く場合には，配慮が必要である．対象者がそのことには触れられたくない，語りたくないと思っている場合もあるからである．かといって調査員が先入観でそう決めつけてしまって，それについての質問をまったくしないというのもかえって不自然であろう．学生たちには，「その事実が対象者の人生を理解する上で重要だと思ったら，率直に質問してみることです．案外，対象者はざっくばらんに語ってくれるかもしれません．もし拒否されたときは，非礼をわびて，話題を変えなさい」とアドバイスしている．

人生年表（ライフコース整理表）

　ここで人生年表の使い方について説明しておこう．人生年表はライフコース整理表ともいい，インタビューの中で出てくる対象者のさまざまな出来事経験を記入するための年表のことである（表１）．書式はエクセルやワードの罫線機能を使って作成しておく．列は，左から「年齢」，

第2章 ライフストーリー・インタビューの実践(1)　25

表1　人生年表（先頭部分）

年齢	西暦	家族経歴	学校経歴 職業経歴	その他	居住経歴	社会的・歴史的出来事
0	1963				仙台	
1	1964					
2	1965					
3	1966	妹誕生				
4	1967			交通事故		
5	1968	弟誕生			東京	
6	1969					
7	1970		○○小学校入学			大阪万博
8	1971	父方祖父死亡				

「西暦」,「家族経歴」,「学校・職業経歴」「その他の出来事」,「居住経歴」（住所の変遷），「社会的・歴史的出来事」（印象に残っているものや人生に影響があったと認識しているもの）とライフコースの経歴別に分かれており，行は年齢・時代軸で，0歳から80歳まで（対象者の年齢がそれを越えることはまずないが，越えた場合は，余白に欄を追加する）あらかじめ印字してあり，西暦については，対象者の出生年に合わせて調査員が記入する．人生年表は対象者のライフコースの見取り図のようなものであり，これを作成することでライフコースの時間的構造，すなわち経験された出来事の前後関係をはっきりと認識することができる．

　人生年表は「これまでの人生」についての話を聞くのと同時進行で作成していく．テーブルの上に人生年表を広げて，対象者の目の前で，対象者に確認しつつ作成していく．対象者に確認してもらうことで，あいまいだった対象者の記憶がはっきりと蘇るという効果も期待できる．ライフストーリーは語り手と聞き手の共同制作物であることはすべに述べ

たが，人生年表の作成作業はそのことを象徴的に示すものである．人生年表は，後日，清書をして対象者へお渡しすればきっと喜んでいただけるし，その際，補充のインタビューを行えれば一石二鳥である．

「転機」となった出来事

「これまでの人生」についての話が終わりに近づいたら，「**転機**」となった出来事について確認しておくとよい．「転機」とは一般に人生の方向を決めたり，それまでの方向を転換させたりした出来事のことである．平たく言えば，「あの出来事があったからいまの自分がいる」=「あの出来事がなかったら，違う人生を歩んでいたことだろう」というふうに対象者が認識している出来事のことである．ライフストーリーは語り手による自分の人生への意味付与であることはすでに述べたが，ある出来事を「転機」として語ることは典型的な意味付与行為である．ただし，誰もが「転機」について語れるわけではない．「転機というほどのものはない」と語る人もいるだう．逆に，1つではなく，複数の「転機」を語る人もいるだろう．それは実際にいろいろなことがあった人生かどうかで決まるわけではなく，少なくともそれだけで決まるわけではなく，対象者が人生の方向感覚に敏感な人であるかどうか（主体的に人生を生きようとしている人であるかどうか）にかかっているのではないかと思われる．

「転機」という特定の出来事についてだけでなく，「これまでの人生」全体を振り返って，どういう感想をもつか，自分の人生をどう評価しているかを聞いておくことも大切だ．順調な人生だった．思うようにいかない人生だった．自分勝手に生きてきた人生だった．親の期待の中で「いい子」として生きてきた人生だった．仕事（勉強）一筋の人生だった．これはと思うものが見つかってもそれが長続きせず暗中模索の人生だった．……いろいろな総括（人生の途上だから，中間報告と呼ぶべき

かもしれない）の仕方があるだろう．「これまでの人生」全体へのトータルな意味付与である．

「これからの人生」について聞く

　最後に，「これからの人生」の話を聞く．具体的には，「現在の生活」を構成する諸領域，あるいは「これまでの生活」を構成する諸経歴（前者は後者の現時点での断面である）について，計画していること，期待していること，不安に思っていることについて語ってもらうのである．

　筆者の見るところ，ライフストーリー研究では「これからの人生」の話が軽視されているきらいがある．これはおそらくライフストーリー研究が，従来からあるライフヒストリー（生活史）研究の延長線上で（社会構築主義的視点を導入あるいは強調する形で）展開されているからではないかと思う．ライフヒストリーはヒストリーであるから回想された過去の物語である．しかし，ライフストーリーの語り手は過去と未来の間で生きているわけであるから，ライフストーリーは未完の物語，継続中の物語である．語り手は過去を回想するだけでなくて，未来を展望する．そして，ここが肝心の点だが，展望された未来の視点に立って，現在の生活を評価したり（いまのままではいけない，とか），管理しようとしたりするのである（夢や目標の実現に向かって頑張る，とか）．歴史家の E. H. カーは「歴史とは過去と現在の対話である」と言ったが，それに倣って言えば，ライフストーリーとは過去と現在の対話であり，かつ未来と現在の対話である．現在は過去の方ばかり向いているわけではないのである．

　以上で，ライフコース・インタビューは終了である．**質問項目チェックリスト**（すべての対象者に共通して質問する項目のリスト）で質問し忘れていることがないかを確認しておくこと．

　次章では，インタビュー記録の加工・整理のやり方について説明する．

第3章 ライフストーリー・インタビューの実践(2) データの加工

3.1 ライフストーリーの編集

録音データの文章化

　インタビューを終えたら，できるだけ間をおかずに，録音データの文章化（トランスクリプション）の作業に取り掛かる．メインの調査員の仕事だ．

　まず，ICレコーダーの音声ファイルをPCにコピーし，ちゃんと録音されているかを確認する．最初の部分だけでなく，最後の部分も再生し，録音が（電池切れなどのトラブルで）途中で止まっていないことを確認する．ICレコーダーは2台使っているわけだから，録音状態のよい方を今後の作業用のファイルとする．ファイルには自動的にファイル名（たとえば「ICR001」「ICR002」など）が付けられているので，これを「対象者の氏名＋調査年月日」（たとえば「大久保孝治090815」というふうに）に変更しておく．これを忘れると，別のインタビューの音声ファイルをICレコーダーからPCに読み込むときに上書きされてしまう（！）．ファイル名を付けた音声ファイルはCDにバックアップをとり，ICレコーダーの返却時に，実習の担当教員に提出する（メールに添付して送るには容量が大きすぎる）．この時点で，ICレコーダーの中に残っている音声ファイルを消去する（ICレコーダーを次のインタビューで使用するときのために）．

　録音データを頭から聴いていって，文章に起こしていく．たいていの

学生はこういう作業は初めてだから，おそろしく時間がかかる．おそらくインタビュー時間の10倍の時間がかかるだろう．2時間のインタビューであれば20時間だ．いや，人によってはもっとかかるかもしれない．これがあるから学生1人あたりの（メインの調査員としての）担当を2ケースに限定しているのである．実習を終えた時点で学生に聞いてみると，異口同音に，「インタビューはとても面白かった．録音データの文章化の作業がなければ，もっとケースを担当したかった」という．それくらい大変な，根気のいる作業なのである．修業だと思って取り組んでもらう以外にないが，この作業の過程で，インタビューをじっくりと振り返り，これからの分析課題を考えることができる．いわば熟成のための時間なのだ．

　たいていのPCにはWindows Media Playerという音楽（音声）再生ソフトが入っているが，録音データの文章化の作業には不向きである．というのは，停止・戻し・再生といった頻繁にくり返す一連の作業をすべてマウスで行わなければならない（その度にキーボードから指が離れる）からだ．「おこしやす」（Okoshiyasu2）という録音データの文章化の作業に便利なフリーソフトがあるので，それを利用するとよい．このソフトを利用すると，停止・戻し・再生がすべてキーボードでできるだけでなく，停止をして再生をするときに自動的に数秒前に戻ってそこから再生してくれる（何秒前に戻るかを設定できる）．指定した区間のリピート再生もできる．「おこしやす」は以下のサイトから無料でダウンロードすることができる．　http://www12.plala.or.jp/mojo/

加工の方針

　録音データの文章化は何のために行なうのか．データへのアクセスをしやすくするためである．せっかくのインタビュー・データも音声のままでは利用しにくい．データを利用するのは，インタビューを行なった

学生だけではなく，実習クラスの他の学生も分析段階で利用することになるので，文章化して閲覧がしやすいようにしておく必要がある．

　文章化にあたっては，以下のような最低限の加工を施す．

(1) 表紙を作成し，①対象者氏名，②調査員（メイン・サブ）氏名，③調査年月日，④調査場所を記しておく．

(2) 録音データには，対象者，メインの調査員，サブの調査員，全部で3人の声が入っているので，その識別ができるように，それぞれの発言の冒頭に発言者の名前（苗字）を付けておく（学生は，メインの調査員を「A」，サブの調査員を「B」と表記）．

(3) 「え〜と」とか「あの〜」とかの類は省略してよい．**会話分析**（会話という相互作用がどのように生成されるのか，その過程を精緻に分析する）であれば，そうした発話も忠実に文章化するし，沈黙の時間が何秒あったかも注記するのだが，ライフストーリー分析ではそこまでの厳密さは必要ない．「語り」の内容がわかればよいのだ．

(4) 明らかな言い間違い，明らかに日本語としておかしな表現は，修正する．たとえば，「初めて自分で買った本は，野口英世の伝記を初めて自分の小遣いで買いました」は，「初めて自分で買った本は野口英世の伝記です」あるいは「野口英世の伝記を初めて自分の小遣いで買いました」に修正する．話し言葉ではしばしばこういう間違い（文法的な乱れ）が起こる．耳で聞いているときはそれほど気にならないが，文章にしてみるとかなり気になる．「原幸子」が文脈からして「原節子」（女優）の間違いであることが明らかだとする．フロイトならば言い間違いにも重要な意味（抑圧された欲求の存在）があると考えるところだが，ライフストーリー分析は精神分析ではないので，語り手の意図が正しく伝わるように「原節子」と訂正しておく（ただし，この種の間違いに気づくのは学生よりも担

当教員であることが多い．また，対象者が「はらせつこ」と正しく語っているのに，学生が「原節子」を知らないために「原セツ子」とか「原摂子」とか間違って表記していることがある．中高年世代の対象者へのインタビューではときどきこういうことある．漢字表記のミスは音声を文字に変換するときの盲点になりやすいので注意が必要である）．

(5) 適宜，小見出し（インデックス）を付ける．たとえば「大学受験」「初恋」「父親との不和」「突然の転勤」「長男の誕生」などのように出来事や人物で表示すると分かりやすい．文章化したデータはＡ４判用紙で数十頁に及ぶ（ある年度の実習で一番分量の多いケースは73頁もあった）．小見出しがあると，どこに何が書かれているか（語られているか）を検索するときに非常に便利である．小見出しだけを抜き出して表紙に貼り付ければそれが目次の代わりになる．

対象者の承認を得る

文章化が終わったら，プリントアウトして，対象者に目を通してもらう．調査のときに作成した人生年表も清書したものを添付しておく．文章化したデータは今後の編集作業，分析作業において「第一次資料」として利用されることになるので，以下の点について対象者の確認をとっておく．

(1) 内容に間違いはないか．
(2) オフレコの箇所（報告書などに引用されては困るところ）があるか．
(3) 対象者の氏名は実名でかまわないか，仮名にするか．報告書は非売品なので書店の店頭には並ばないが，①今回の調査対象者全員，②調査スタッフ（教員・学生），③大学図書館，④研究者などに配布されるので，そうした人たちや機関を媒介として一般の人々の目

に触れる可能性がある．そのことを考慮して判断してほしい．仮名でということであれば，仮名の希望があるかどうかを尋ねる．とくになければこちらで適当な仮名を付けさせてもらう（他の対象者の実名や仮名とかぶらないようにする）．

(4) 報告書などに引用する場合，文中に出てくる固有名詞（人名，団体名，地名など）の扱いをどうするか．固有名詞をそのまま残した方が「語り」のリアリティーは損なわれないが，対象者の特定や（仮名使用の場合），登場人物や団体に迷惑が及ぶ可能性がある（とくにそれらが批判的に語られている場合）．そうしたリスクを回避するために固有名詞を排除するのであれば，「早稲田大学」を「W大学」とイニシャルで表記するような思わせぶりな（中途半端な）やり方はしない方がよい．「X大学」とか「ある私立大学」とか「有名私立大学」などとするのがよい．ただし，地名に関しては，固有名詞をまったく排除してしまうと地域移動の事実がわからなくなってしまうので（たとえば「18歳のときに青森から東京に就職のために出てきました」という「語り」が意味のないものになる），匿名化は市町村名レベルにとどめ，都道府県名はそのままとする．

ライフストーリーというのは個人情報そのものであるわけだから，取り扱いにあたって慎重に過ぎるということはない．

編集版ライフストーリーの作成

音声データをそのまま文章化した「第一次資料」が対象者の承認を得られたら，これをもとに**編集版ライフストーリー**を作成する．編集版ライフストーリーとは，インタビューのとくに重要な（と調査員が判断した）部分をピックアップし，調査員の相槌などは省略して対象者の「語り」を一連のまとまりのあるものにして，それを人生の時間的な流れに沿って配列したものである．雑誌などに掲載されているインタビュー記

事はたいていこのような作業を経たものである．もしインタビュー記事が「第一次資料」そのままのものであったら（枚数が多すぎて掲載できないという問題はおくとしても），冗長すぎるし，話があっちに飛んだりこっちに飛んだりでひどく読みにくいであろう．編集版ライフストーリーは「読み手」のことを考えて作成するものである．「読み手」とは誰のことか？

　第1に，報告書の読者である．編集版ライフストーリーは資料として報告書に載せる．50人分の編集版ライフストーリーは，1本がA4判10頁平均として全部で500頁になる．大変な分量であるが，PDFファイルにして付録のCDに収めれば，費用は安価ですむ．編集版ライフストーリーを報告書に載せるのは，分析データを公開することで，分析（学生たちのレポート）の妥当性を読者が検証できるようにするためである．ライフヒストリーやライフストーリーを分析した論文のほとんどは，データの全体を公開せず，そのごく一部を論文中に引用するだけですませている．論文の紙幅の制約上やむをえないことであるとはいえ，これではデータから論者の主張（説明・仮説）にとって都合のよい部分だけを利用しているのではないかという，**事例研究における分析の恣意性の問題**をクリアーすることができない．分析の恣意性の問題をクリアーするためには，分析に用いたデータを公開して，同じデータを別の研究者が分析（**二次利用**）できるようにしておく必要がある．

　第2に，「読み手」になる順番は報告書の読者よりもこちらの方が先であるが，直接にはその対象者のインタビューを担当していない他の学生たちである．50人の対象者のうち，1人の学生がインタビュー場面に立ち会うのは4ケース（メインの調査員として2ケース，サブの調査員として2ケース）である．残りの46ケースについては編集版ライフストーリーを読むことで全部のデータを全員が共有する．編集版でない，「第一次資料」としてのトランスクリプトを読むべきではないかという

疑問をもつ方がいるかもしれないが，そうしない理由は2つある．

1つ目は，それは資料として膨大すぎる．トランスクリプトは最長でＡ4判で73頁にも及んだと述べたが，これはインタビュー時間が3時間半くらいかかったケースで，ほとんどのインタビューは2時間前後であるので，トランスクリプトは40頁前後である（3分でＡ4判1頁分というのが目安である）．40頁×50ケースで2000頁．全員でこれに目を通していたらそれだけで実習は終わってしまうであろう．

2つ目は，トランスクリプトは資料としてやはり冗長すぎる．冗長な2000頁の資料を読むよりも編集された500頁の資料を読んだ方がよいと筆者は考える．確かに編集を加えることで失われるデータ（語り）はある．しかし，それは重要度の低いデータなのである（重要度の高低は調査員の関心＝研究テーマとの関連で決まるから，もし別の視点から編集作業をすれば別のバージョンのライフストーリーが作成されることになるが，その場合は，インタビューのときの質問からして違ってくるはずだから，「第一次資料」のトランスクリプト自体が別のものになると考えなければならない）．また，語られていることがらの時間的な前後関係を整理して再構成した方が**ライフストーリーのストーリー性**（語り手が付与している出来事間の因果的＝物語的関連性）が見えやすくなる．

編集版ライフストーリーはＡ4判で10頁を目安とする．平均40頁のトランスクリプトを4分の1に圧縮するわけだが，これは単純にトランスクリプトの4分の3をバッサリ切り捨てるということではなくて，話し言葉の冗長性を書き言葉に編集する過程で削ぎ落とすことで，重要な「語り」の意味は失わずに文章の分量を減らす工夫をするということである．「学生Ａ」「学生Ｂ」の区別はここでは必要ない．調査員の発言の頭に「─」（ダッシュ）を付けるだけでよい．対象者の「語り」の頭には何もつけない．「─」がないことで，それが対象者の「語り」であることがわかるから．固有名詞の扱いは対象者と取り決めた通りにする．

編集版ライフストーリーが完成したら，対象者に目を通してもらって，内容に関してだけでなく，報告書への掲載の件を含め最終的な承認を得ておくこと（ごくまれにこの段階で，「調査対象から外してほしい」と申し出る対象者がいる．あれこれ考え，迷われた上での申し出であろう．担当の学生には気の毒だが，こういう場合は対象者の意向に従うしかない）．

3.2 ライフストーリーの検討

ケース報告

トランスクリプトや編集版ライフストーリーの作成と並行して（完了してからよりも作成中の方がいい理由は後で述べる），スタッフ全員を前にして，各自が担当しているケースについての報告を逐次行っていく．

ケース報告にあたっては，次の3つの資料を人数分用意する．(1)**個人年表**．インタビュー調査のときに作成したもの．報告用に，出来事間の関係を矢印で示したり，出来事の簡単な説明を吹き出しなどを使って書き込んでおくとよい．対象者が40歳未満であればA4判1枚．40歳以上であればA4判2枚になる．(2)**対象者の紹介**．対象者がどういう人であるか，どういう人生を歩んできた人であるかをA4判1枚にコンパクトにまとめたもの．これは編集版ライフストーリーが完成したときにイントロダクションとして先頭にもってくるとよいだろう．(3)**インタビュー抄録**．インタビューの中から対象者の「語り」の特徴をよく示している部分をピックアップしたもの．A4判で2枚．

これらの資料を使いながら，自分が担当しているケースの紹介をしていくわけであるが，インタビュー調査時の進行に合わせて「現在の生活」「これまでの人生」「これからの人生」の順序で説明をしていく．説明には以下の2種類の要素が含まれる．

第1に，**客観的事実**．具体的には，対象者の氏名，生年月日（生年だけでは不十分で，誕生月までのデータは必要．早生まれかどうかで同じ生年でも小学校の入学年が違ってくる），出身地，父親の職業，きょうだい数と出生順位，種々の出来事経験の有無と時期（たとえば就職・結婚・子どもの誕生・親の死・転居……）などである．これらが「客観的」事実であるということの意味は，それが対象者の主観とは独立に存在し，仮に対象者から話を聞けなくとも調べようと思えば調べることができる事実であるということである．したがって客観的事実は正誤の問題（間違っているかもしれないということ）がありえる．

第2に，**主観的事実**．具体的には，「父親はどういう人であったか」，「学校生活は楽しかったか」「子どもの頃，将来は何になりたいと考えていたか」「**なぜ**その職業についたのか」「**なぜ**その人と結婚したのか」「子どもが生まれたときどんな気持ちがしたか」「**なぜ**長男でなく次男であるあなたがご両親と同居することになったのか」「これまでの人生の一番の転機は何か」「将来，不安に思っていることは」……といった質問に対する対象者の回答である．これらが「主観的」事実であるということの意味は，それが対象者の主観を離れては存在しえない事実であるということである．たとえば「父親はどういう人であったか」を対象者の代わりに対象者の母親に尋ねたとしよう．彼女は彼女の夫がどういう人であったか（あるいは彼女の夫が父親としてどういう人であったか）を回答するであろう．それは視点が違うわけで，対象者の回答の代わりとはなりえないものである．

主観的事実の中でも「**なぜ**」にかかわるものはとくに重要である．ライフストーリーの**ストーリー性（出来事間の因果的＝物語的関連性）**に直接かかわるものだからである．たとえば，「自分が高校在学中に父親が亡くなったので，大学進学を断念して，家業を継ぐことになった」という「語り」は，「父親の死」「大学進学（をしなかったこと）」「家業の

継承」という3つの出来事の間に因果関係が存在していることを示している．この因果関係はあくまでも対象者の意識（主観）の中に存在するものであり，客観的事実ではない．もしかしたら「父親の死」がなくても，対象者は「大学進学」はしなかった（できなかった）かもしれないし，遅かれ早かれ「家業の継承」をすることになったかもしれない．しかし，ここで重要なことは，対象者が自分の人生をそのように語っている（説明している）という事実である．それは対象者がどのような物語を生きているのかを示すものである．

ディスカッション

　担当者からのケース報告が一段落したところで，質疑応答に入る．それは対象者のライフストーリーをよりよく「理解」するために行われる．何か欠落している情報はないか．説明が不十分なところはないか．たとえば「父親の職業についての説明がなかったが，何をされていた人なのか」，「3人きょうだいの末っ子とのことだが，上の2人の性別は？」，「進路をめぐって親は何も言わなかったのか」，「対象者にはお子さんがいないが，そのことについての何か言及はあったか」，「35歳のときの転職の理由がよくわからないのだが」，「将来，両親と同居するつもりなのだろうか」などなど．こうした質問に報告者は決して憶測で答えてはいけない．客観的事実あるいは主観的事実として収集されているデータの範囲内で答えなければいけない．その範囲内では答えられないことがら，つまりインタビューのときに聞いていないことは，「わからない」としなければならない．インタビューは一度しかしていないわけだから，いろいろと聞き漏らしがあるのは当然である．それを最小限にするために，質問項目チェックリストがあるわけだが，それは全ケースに共通に質問しておくべき基礎項目（「出身地」「家族構成」「親の職業」など）や，大項目（「子どもの頃の夢について」「進学について」「就職について」

など)に関するもので,基本的にフリーアンサーで進行するインタビューにきめ細かく対応しているものではない.だからケース報告でインタビューの過程を冷静にチェックすることが必要なのである.

　質疑応答が済んだら,これからの分析作業に向けて,対象者のライフストーリーの特徴について意見交換を行う.すなわち,そのケースに含まれている(可能性としての)分析テーマは何かということである.たとえば,対象者のライフストーリーの特徴が「長女であること」を強く感じさせるものであるとすると,「きょうだい関係とライフストーリー」というテーマを立てて,他の長女のケースや,反対に次女や末っ子のケースと比較することで,何らかの知見が得られるのではないかというアイデアが生まれる.あるいは,「長女であること」とは別に(もしかしたら関連はあるのかもしれないが)「子どもの頃の夢(医者になること)を実現したこと」が特徴的なライフストーリーであるとすると,「サクセス・ストーリーとジェンダー」というテーマを立てて,サクセス・ストーリーの男女比較をやってみたらというアイデアが生まれる.こうして見出されたテーマは,当初,担当の学生が対象者を選定したときの関心と必ずしも同じではないだろう.それで全然構わないのである.むしろ当初は考えてもみなかった分析テーマを自他のケース報告を通して「発見」していくことがケース報告の醍醐味なのである.

補充調査

　ケース報告を通して,データの不足や疑問点が明らかになった.また,ケースに内在している分析テーマも見えてきた.それを踏まえて,補充調査を行う(補充調査があることはあらかじめ対象者に説明して了解をとっておくこと).補充調査は最初のときと同じように面接調査で行ってもいいし,電話やメールを使って行ってもいい.それは補充調査の内容や分量,対象者の都合などを考慮して決める.補充調査で得たデータ

はトランスクリプトや人生年表に追加しておくこと．そして編集版ライフストーリーは補充調査の結果を反映したものであること．ケース報告をトランスクリプトや編集版ライフストーリーの作成と並行して（完成した後ではなく）行うのはこのためである．せっかく補充調査をしてもそれが編集版ライフストーリーに反映されないのであれば意味がないからである．

　完成した（対象者の承認を得た）編集版ライフストーリーは全ケースを CD に収めて，スタッフに配布する．これで分析の準備は整った．

　次章では，ライフストーリーの分析の仕方について説明する．

第4章 ライフストーリー・インタビューの実践(3) データの分析

4.1 分析の進め方

分析テーマを決める

　学生たちは，全ケースの報告を聞き，質疑応答とディスカッションを行い，CDに収められた全ケースの編集版ライフストーリー（約500頁）に目を通した上で，ひとりひとりが自分がこれから書くレポートの分析テーマを決める．と同時に，分析対象とするケースを選んでいく．いくら面白いテーマを思いついたとしても，そのテーマに相応しいデータ（語り）を含んだケースが乏しければ，分析は成り立たない．編集版ライフストーリーを読んで分析テーマを見つける作業と，特定の分析テーマの視点から編集版ライフストーリーを読み返す作業が，何回かくり返されて，分析テーマが決まっていく．

　しかるべき時点（分析に本格的に取りかかる前）で，各自が考えている分析テーマ（および分析対象に予定しているケース）について報告してもらう．分析テーマの重複をチェックして調整を図るためである．同一ないし類似のテーマがあっても必ずしも悪くはないが，できればバラエティに富んでいる方がいい．

分析テーマの実例(1)

　以下に示すのは，ある年度の調査実習の報告書に掲載された25人の学生のレポートのタイトルである．タイトルからただちに分析テーマのわ

かりにくいものがあるが，分析テーマの多様であることは理解してもらえるだろう．

　現代人の自分らしい生き方
　現代社会における「夢」の語られ方
　現代の若者の上昇志向
　現代日本人の自己実現
　親と子ども—それぞれの生きる道
　やりたいことをやらなければならない時代—職業選択における親の影響
　サラリーマンにならない男たち—現代社会におけるサラリーマンのイメージ
　チャンピオン—ライラライララライラライ
　「定年したら，何をする？」—未来志向型社会における定年後の人生
　あらゆる愛の歌—人生における恋愛
　結婚をめぐる男女の意識の違い
　女性と結婚—「自分の生き方」へのこだわり
　「子どもをもつ」という選択
　結婚後も働くアクティブな女性
　働くことを選んだ女性たち
　女性の職業観
　女という主張
　旅は人生なり
　健康である幸福を求めて
　転機—語ることで構成される物語
　現代版・人生のやり直し方
　負のライフイベントとそこからの回復—自分らしさという希望
　現代人にも二言はないのか

人生悔いなし！──後悔についての語り
「大変」の語り──インタビュー行為そのものの問い直し

分析テーマの実例(2)

　念のために言っておくと，ここでは対象者や分析テーマを学生に比較的自由に選ばせているが，ライフストーリー・インタビューが常にそういうものであるわけではない．たとえば，別の年度の調査実習では，ある大学を1990年代初頭に卒業し，調査時点で30代半ばにある男女98名（彼らは大規模なパネル調査の対象者の一部で，「これまでの人生」についてのデータの蓄積がある）を対象にして，ライフストーリー・インタビューを行った．分析テーマは，バブル崩壊の前後に大学を卒業した世代であることと，30代半ばという人生の時期にあることが，彼らの「語り」にどのような形で現われているかを検証することであった．学生たちは「親きょうだいについての語り」「学校生活についての語り」「職業生活についての語り」「結婚生活についての語り」を分析する4つのグループにわかれて，それぞれの視点からライフストーリーの分析を行った．つまりこの場合は，対象者はあらかじめ決まっており，分析テーマの大枠もあらかじめ決まっていた．そうした限定の中で，学生たちはインタビュー調査を行い，その記録を読んでいって，各自のレポートのテーマを決めていった．それは以下のようなものになった．

　親子の愛情による相互依存関係
　自由放任という期待
　子育て観にみる親の期待
　きょうだい関係の語りに見え隠れする親子関係
　親と住む，ということ
　親の死という経験

学校生活におけるアイデンティティ
「いじめ」の経験の語りが持つ意味
学生時代の重要な他者
青年期におけるキャリア形成と学校選択
中学・高校で経験する運動部についての語り
若者は何を考えていたのか
バブルと就職
「東京の物語」と「地方の物語」
スポーツが与える職業生活への影響
女性の就業形態による職業観の違い
「30」という重み
子どもをもつということ
主婦の生き方探し
離婚のとらえ方

　あらかじめ注目すべき「語り」の領域を「定位家族」「学校」「職業」「結婚家族」の４つに設定し，各グループに学生を均等に配置したので，レポートのテーマのバランスはよい．ただし，分業的な方式を採用したために，設定された領域以外に関心が向かうことは抑制され，領域横断的なテーマや「語り」の全体をまるごと扱うようなテーマのレポートは出てこない．放任型と統制型，どちらがいいということではなく，それぞれに強み（長所）と弱み（短所）があるということである．

ライフストーリーのパターンの析出
　分析テーマが決まり，そのテーマに関連した「語り」を含む複数のケースの編集版ライフストーリーを読んでいく．そのときわれわれの頭の中では，「語り」の比較が行われているはずである．もし似たような

「語り」のパターンが何度も出現するようであれば，それは**「多数派の語り」**，あるいは**「支配的な語り」**と考えてよいだろう．

　「語り」は個々人の独創ではない．もしこれまで誰も語ったことのないような仕方で語る人がいたとしたら，その人は一種の天才である．しかし，ほとんどの人は，既存の「語り」のパターンを援用して，それに依拠しながら語るのである．既存の「語り」のパターンで語ることで，その「語り」は自他ともに受容されやすい．たとえば，「なぜ大学に進まなかったのか」と問われて，「家が貧しかったから」とか「成績が悪かったから」と答えれば聞き手は了解するだろう．しかし「太陽が眩しかったから」と答えたら，「この人は頭がどうかしているのか」と疑われるか，「この人は私をからかっているのか」と思われるかのどちらかだろう．

　もちろん「語り」のパターンは1つではない．「多数派の語り」，「支配的な語り」という表現は，**「少数派の語り」**，**「下位文化的な語り」**の存在を前提にしている．そうした種々の「語り」の中には，「支配的な語り」への懐疑，「支配的な語り」の否定を含んだ「語り」もあるであろう．そうしたものを**「対抗文化的な語り」**と呼ぶことにしよう．「支配的な語り」と「対抗文化的な語り」の拮抗関係の中から**「オルタナティブな語り」**というものが出現する可能性もある．「語り」の諸パターンは文化の一部であるから，文化一般がそうであるように，一枚岩的なものではなく，多元的・多層的な構造をしているはずである．また，何が「多数派の語り」で何が「少数派の語り」であるかは，語り手の社会的属性や所属集団・準拠集団によって変化する．たとえば，若い女性たちの間では「多数派の語り」であっても，それを中年の男性が語れば「少数派の語り」として受け取られるだろう．そして本人もそういう効果を十分に認識して語っているはずである．すなわち「語り」のパターンは語り手によって，ある場合には無自覚的に，ある場合には戦略的に

採用されるのである．

　分析テーマに関連した「語り」を含む複数の編集版ライフストーリーを読みながら，われわらは，個々人の「語り」の背後に存在する「語り」のパターンについて考察するとともに，なぜある対象者はある「語り」のパターンを採用し，別の対象者は別の「語り」のパターンを採用するのかを各対象者の経歴や現在の状況を踏まえて考察するのである．すなわち**ライフストーリー分析**とは，人々が「人生を生きる」（人生に意味を付与する）仕方の分析であり，それを通して，人々が置かれている社会的状況と，その社会的状況への人々の適応について考察しようとするものである．

4.2　分析の実例—親からの影響についての「語り」

社会化の代理人（エージェント）としての親

　ここでは親からの影響についての「語り」を取り上げて，ライフストーリーの分析をしてみることにしよう．

　「大きくなったら何になる？」—われわれはみな大人からこう質問された経験があるだろう．これは職業選択の自由を前提としている点において近現代社会の子どもに固有の質問である．子どもはこの質問に答えることを通して，人生とは何かになる過程であることを知る．未来に目標を設定し，その達成に向けて努力するという未来志向的な生き方を学習するのである．

　近現代社会の基本原理の1つである個人の自由とは，職業に限らず，学校や配偶者，衣食住など，生活や人生を構成する重要な諸要素を個人は自分で選択することができるということであるが，それは選択にあたって周囲からの影響を受けないということではない．むしろ社会は周囲の他者や集団やメディアを通して，個人の選択が社会的に望ましいも

のであるように，妥当なものであるように，誘導しようとする．子どもにとっての親はそうした**社会化の代理人（エージェント）**の代表である．子どもの人生への親の影響はすこぶる大きい．しかし，それがあまりに日常的であるためにかえって子どもは親の影響を自覚していないということがある．それが自覚されるのは，一般に思春期以降，自分の人生への親の介入に子どもが反発を覚える頃である．いわゆる反抗期と呼ばれる時期である．

支配的な親をめぐる「語り」

「僕はずっと運動で，どっかの大会で優勝するとか，そういうふうにずっと小さい頃からやってきた．父親が自分に過度の期待をするっていうか，父親の思い通りの結果を残さないと殴る蹴るの暴行……．それで賞状とか持ってないんですよ，ほとんど．親と揉めたときに全部破いちゃったんで．それはやっぱり自分で努力してもらったっていう意味じゃなくて，親にやらされているっていう思いが強くて，親と言い合いになったときに全部破ったんですよ．」(男性, 35歳)

「『とにかく頑張りなさい』，『頑張るのよ』ってずっと言われていた．特にうちは母親の影響力が私にはすごくあって，躾もすごく厳しかった．父親はずっと夜勤とかで出ちゃって日中いなかったりとか，忙しいときは家に帰ってこないで会社の寮に泊まったりしていたので，結局，子どもの教育は母親が1人でやらざるを得ないというか，自分仕様にしちゃったんじゃないかと思う．私なんかはやっぱり大学卒業するまでは，お母さんが思ったとおりの，まぁ，ちょこちょこ反抗期はあったけど，履歴だけを見てくと，本当に母親の願ったり叶ったりの道を歩んできてたと思う．」(女性, 34歳)

前者は暴力による，後者は言葉（「頑張りなさい」「頑張るのよ」）による親の期待の押しつけである．親の期待の内容は要するにある分野

(学業,スポーツ,芸術……)における高度の達成(成功)である．どのような階層に生まれようと，人は才能と努力によって社会的上昇を果たすことができる——これは近現代社会のライフストーリーの基本的なモチーフの1つである．子どもは親という社会化の代理人を通してこのモチーフを学習する．子どもが社会に適応していくと同時に社会の秩序が維持されるための基本的なメカニズムである．その意味で，親が子どものライフストーリーの支配者として振る舞おうとするのは普通のことであり，そのことに遅かれ早かれ子どもが気づくのも普通のことである．

では，これが親の影響について語るときの「支配的な語り」なのかというと，必ずしもそうではない．おそらく戦前・戦中，そして戦後のある時期までは，これが「支配的な語り」であったろう．旧民法における家長の権威を考えれば，親子における支配－服従(あるいは反抗)の関係は至極当然のことである．しかし，戦後民主主義教育が普及していく過程で，それは旧タイプの「支配的な語り」へと転落していった．ただし，依然としてそれなりの割合を占める「少数派の語り」ではあるけれども．

放任主義の親をめぐる「語り」

戦後，旧タイプの「支配的な語り」への「対抗文化的な語り」として登場し，あっという間に新タイプの「支配的な語り」となったのは，「おまえの生きたいように生きなさい」と子どもに語りかける放任主義の親をめぐる「語り」である．

「俺，勉強しろって言われたこと一回もないのよ．放任主義だったから．放任主義というと言葉が悪いんだけど，親が子どもを信頼していた．親から怒られたりはしたけど，基本的にやらされてやるっていうことはないし，押しつけられたこともない．高校受験するときにすごい悩んで，なんで高校に行かなきゃいけないんだっていう話をお袋にしたの．そし

たら,『やりたいことがあるんなら別に高校に行かなくてもいいから,やりたいことにむかって行けばいいんじゃない?』って.」(男性, 34歳)

「もともとうるさくないんですよ. まあおまえの人生だしという感じで. 高校のときも大学のときも, 大学はね, 父親に○○大学を推されましたけど, 高校を選ぶときもまあ好きなようにすればという感じで. 就職するときも自分で決めなさいと, もともとあなたの人生なんだから, あなたの好きにやりなさいっていう感じで, あなたが看護学校に行きたいのなら止める権利はない, って言ったら何かおかしいですけど, 好きなようにしなさいと, ほんとに自主性に任せている感じで. 進学塾を辞めるときも『ああ, 辞めろ, 辞めろ』というような感じで.」(女性, 35歳)

「親からやらされたっていうのは何一つなくて, 親からは助言をもらうだけ. 父親も母親も, 私はこう思う, あとは自分で考えなさいっていう, そういう感じ. だから自分で決めたことに関しては責任を持ちなさいっていうふうに言われて育った.」(男性, 32歳)

放任主義は戦後民主主義教育の中で大きな力を得た教育思想で, 簡単に言えば, 親は子どもに自分の期待を押しつけてはならない, 子どもは自らの考えにもとづいて人生を生きていくべきものである, という思想である.

ソフトな支配としての放任主義

しかし, 実践的なレベルにおいて, 放任主義は言語的なレベルでの放任(とやかく言わない)に留まりやすい. 非言語的なレベル(表情や態度)で子どもの行動に正や負のメッセージ(喜びや落胆)を送ることで, 子どもの行動をコントロールしているのである.「自由に生きなさい. ただし私の期待する範囲内で」と. 子どもはそうした親のメッセージに敏感である. 子どもは, いや, これは子どもに限ったことではないが, 重要な他者の期待に応えようとして行動するものである.

「あんまりうるさく言われた覚えはなくて．ただ，100点とか取っていけば，親は喜ぶいうのはやっぱりあったから．親を喜ばせなきゃいけないなとは思って勉強してた部分はすごくあったかなぁ（笑）．」（女性，36歳）

　放任主義の親の下で育つ子どもも親の期待の影響を受けていることにかわりはないのだ．ただ，その期待の範囲内で「自由に」生きている限りは親の期待を拘束として感じることはない．発達心理学の教科書に書かれているような典型的な反抗期というものを自分はこれまで経験したことがないと語る対象者が存外多いのはそのためではないかと思う．放任主義というソフトな支配にあからさまに反抗することは難しい．

　「私の好きにしていいよって．相談をしても，だめと言われることはない．でも結局は自分で無難な方向を選んでたっていうか．言葉で言わないけど，暗に期待に沿っていたかな，っていうのは小さい頃からあったんですかね．高校も入らないとやっぱりがっかりするかなあとか．勝手に思っていただけかもしれないんですけど．そうしたプレッシャーはあったかな．」（女性，33歳）

　放任主義の親に育てられつつ，そのことの息苦しさに言及する「語り」は，女性の対象に多いように思う．その理由として考えられることは，第1に，娘に対する親の期待の方が息子に対する親の期待よりも内容が保守的であることが多いということであり，第2に，女性は人生の物語の中で聞き手に向かって負の心情（悲しみや辛さ）を表出することを男性よりも許容されているということである．

ソフトな支配を内破する「語り」

　最後に紹介する2人の女性の「語り」は，ソフトな支配からの脱出についてのものである．1人の女性は「結婚はよい選択だったと思いますか」と尋ねられてこう答えている．

　「そうですね．うん，ええ，良かったと思います．それまでの自分っ

第 4 章　ライフストーリー・インタビューの実践(3)

て本当に親とかの影にすべて抑えられてきたというか，受け入れて育ってきたので，そこで初めて自分でハードルを跳び越えたような感じだったんですよね．自分の決断で何かをしたっていうのが，うん．」(女性，34歳)

もう1人の女性は，これまでの人生の一番の転機を尋ねられてこう答えている．

「家，出たことかね．状況も心境も変化したし．自分の家族から巣立った感じはあったし，大人になったな私って．それまでどんなに私は立派な社会人って言ってても，やっぱり親の庇護の元で育ってたというのは感じていたからね．ベストチョイスだっていっても，やはり親の敷いたレールに乗ってるんだよ，ここまでね．で，初めて親に反発して，やりたいようにやったのが，家を出たときだったから．私はいい子ちゃんだったから，長女だし．親が望むように生きようっていうのも，どっかにあっただろうし．そうじゃないってことに，やっと気づけたかな．」(女性，33歳)

「(ある男性と)結婚すること」も「家を出ること」も対象者本人がしたいことであった．したがって「おまえのしたいようにしなさい」という放任主義の親の意向に沿うものであった．しかし，同時に，それは親の暗黙の期待の範囲を超えるものでもあった．ここではソフトな管理からの脱出は，放任主義の否定によってではなく，それを原理的に徹底することによって，いわば親の暗黙の期待を内破する形で，なされたのである．「おまえのしたいようにしなさい」と言ってきた以上，親は不承不承ではあっても子どもの選択を受容せざるをえないだろう．これが放任主義の時代における親の支配からの脱出の「合法的な」方法である．これがうまくいくためには，「自分は何がしたいのか」がはっきりと自覚されていなければならない．放任主義の親から解放されることはなかなかに大変なことなのだ．

第5章 ライフストーリーとしての自伝

 ライフストーリー・インタビューが語られたライフストーリーであるとすれば,自伝は書かれたライフストーリーである.読者は著者に質問することはできないが(ただし著者が存命中であれば不可能ではない),情報量は通常のライフストーリー・インタビューよりも豊富で,かつストーリー性も強い.さまざまなテーマで分析が可能である.本章では,1人の社会学者の自伝を取り上げて,自伝というデータの特性について論じる.

5.1 清水幾太郎と3冊の自伝

清水幾太郎って誰?

 清水幾太郎という社会学者を知っているだろうか.ある年齢以上の人で,かつ一定水準以上の社会的関心を有する人であれば,その名前を知らない人はいない.しかし,ある年齢以下の人でその名前を知っている人は少なく,知っていたとしても,岩波新書のロングセラー『論文の書き方』の著者としての清水である場合がほとんどであろう.後者のために『岩波日本史辞典』を引く.

 「社会学者,評論家.東京生れ.東大社会学科卒.東大副手を経て,東京朝日新聞嘱託としてコラムを担当,1941-45年読売新聞社論説委員.49-69年学習院大学教授.マルクス主義の社会学者として出発.32年唯物論研究会に参加.その後プラグマティズムに接近.40年には全体主義

への批判を伴った「社会的人間論」を著すが，戦時中，戦争協力的論説を書いた．46年二十世紀研究所を設立，ついで平和問題談話会会員として活躍．50年代には内灘・砂川の基地反対闘争に参加，60年安保闘争では全学連主流派と行動をともにした．高度経済成長下の60年代には近代化論に結びつき，戦後民主主義の理念に決別，さらにタカ派の論客へと変貌した．」

3冊の自伝

　紆余曲折のある人生である．清水幾太郎は，その81年の生涯（1907-1988）において3冊の自伝を残している．各自伝のタイトル，出版社，出版時期，当時の清水の年齢は次の通りである．

　　A　『私の読書と人生』要書房，1949年10月（42歳）
　　B　『私の心の遍歴』中央公論社，1956年1月（48歳）
　　C　『わが人生の断片』文藝春秋社，1975年6月（67歳）

　同一人物によって人生上のA・B・Cという異なる時点で書かれた3冊の自伝というものに対して，一般の人が抱く素朴なイメージは次のようなものであろう．すなわち，最初の自伝では出生から時点Aまでの経験が語られ，2番目の自伝ではそこに時点Aから時点Bまでの経験が追加され，3番目の自伝ではさらに時点Bから時点Cまでの経験が追加される――いわば増築に増築を重ねるイメージである．しかし，このイメージは間違っている．

　第1に，清水の3冊の自伝はどれも執筆時点よりもはるか手前で記述が終わっている．自伝の記述の終点と自伝執筆時点までの距離は，『私の読書と人生』で5年，『私の心の遍歴』で13年，『わが人生の断片』で15年である．清水は自伝の中で「現在」を語ることをしなかった．

　第2に，2番目の自伝には最初の自伝執筆以後の時期についての記述がまったくない．『私の心の遍歴』は『私の読書と人生』の6年後に出

版されたものであるにもかかわらず，自伝の記述の範囲は『私の読書と人生』の「出生から37歳まで」に対して「出生から30歳まで」とむしろ短くなっている．記述の範囲から見る限り，2番目の自伝は最初の自伝の延長ではなく縮小的反復である．

　しかし，第3に，回想される時期が同一であっても，回想する時点（自伝執筆の時点）が異なると，語られる内容が微妙にあるいは大きく変化する．具体的な指摘は後で行うが，『私の心の遍歴』は『私の読書と人生』の焼き直しではない．また，3番目の自伝『わが人生の断片』に書かれた出生から30代までのライフストーリーも前の2冊の自伝の単純なコピーではない．清水の自伝におけるライフストーリーの再生産は，ただの増築作業ではなく，既存の自伝の構造に変更を加える改築作業でもあった．

　「回想される時点が異なると語られる内容も変化する」というのは，自伝に限ったことではなく，ライフストーリー一般にあてはまる特性である．このことはいくら強調しても強調し過ぎということはない．そういうことに無自覚な自伝資料の盲目的利用（そこに書かれていることを当該の人物の半生の客観的事実であるかのように扱うこと）があまりにも多いからだ．以下，本章では，清水が40代に書いた2冊の自伝に焦点をあてて，その異同を検証してみたい．主要な関心は，回想する時点の変化に伴って書かれる内容が実際にどのように変容するのかという，**変容のメカニズムの問題**である．

5.2　『私の読書と人生』
─知的自伝：私はいかにして社会学者となったか

自伝を書く年齢

　最初の自伝『私の読書と人生』が出版されたのは，1949年10月，清水

42歳のときである．42歳という年齢は「自伝は老人が書くもの」という一般的通年から大きく外れている．事実，そのことで清水は周囲からいろいろ言われたらしい．

「当時，私は漸く四十歳台になったばかりでしたが，世間というものは五月蝿いもので，『まだ若いくせに，こんな本を書くのは老成ぶった気取りである』などと，親しくしている人たちから冷たい言葉を投げつけられました．あれは，今から考えても，かなり不愉快なことでした．確かに，老人になってから自伝的なものを書くことが一般の慣習でしょう．しかし，私は信じているのですが，自伝的なものを書くということは，年齢とはあまり関係のない仕事だと思うのです．」(『私の文章作法』1971)

はたしてそうだろうか．清水の最初の自伝が「年齢とはあまり関係のない仕事」だったとは必ずしも思わない．「自伝を書くのは老年になってから」という規範は，老年という時期を自分の人生に想定できない者，すわなち自分を短命な人間として考えている者には有効な規範ではない．清水は病弱な子ども時代を送り，「この子は育つまい」と親類の者から言われ続け，長じてからも親しい医者から「君は30歳までは生きないだろう」と言われていた．この病弱な体質は遺伝的なものだったようで，清水の父親は49歳で亡くなったが，それでも4人兄弟のうちでは一番長命であった．また，清水は長男だが，すぐ下の弟は1歳で亡くなり，もう1人の弟は29歳で亡くなっている．こうした経緯から考えて，42歳という年齢は清水にとって十分に「老年」であったはずである．その意味では「自伝を書くのは老年になってから」という規範は，清水にとっても有効であったといえるかもしれない．とはいえ，ここでは自伝を書くことが「年齢とはあまり関係のない仕事」だったとする清水自身の解釈に一応従うことにしよう．では，一体何と関係があったのだろう．

自伝は人生の転換期に書かれる

「どうして私は『私の読書と人生』を書く気持ちになったのでしょうか．それを聞かれても，当時は，答えようがなかったと思います．答えは，それから何年か経って判ってきました．後から振返って気づいたのですが，あれを書いた昭和24年という年は，第1に，ある偶然の事情で，私がジャーナリストの長い生活から，なろうと思ってもいなかった大学の教師の生活へ飛び込んだ年です．第2に，これも偶然の事情で，無責任な売文業者から，柄にもなく，平和を目指す政治運動に飛び込んだ年です．（中略）世間の人たちから見れば，どれも大したことではないでしょう．しかし，私自身にしてみますと，あの年，無意識ながら，或る新しい地点に立ったという気持ちであったに違いありません．そして，この新しい地点から自分の過去を眺めてみようという気分になったのでしょう．」(前掲書)

自伝が人生の転換期に書かれるというのは，ちょうど時代の転換期に歴史への関心が高まるのと事情が似ている．自伝の効用という表現を用いるならば，それはたんに過ぎ去った過去を懐かしむということではなく，人生の転換期に立って，自分がこれまで歩いてきた人生を再確認する作業を通して，これから歩いていこうとする人生についての指針を獲得するということである．

『私の読書と人生』は，そのタイトルからわかる通り，自身の読書遍歴を語るという体裁をとった自伝である（清水にとって「兄」のような存在であった三木清の「読書遍歴」というエッセイを意識している）．取り上げられている主要な書物あるいは著者は，立川文庫，有本芳水，ゲーテ『ファウスト』，大杉栄，大西祝『西洋哲治史』，風早八十二訳『タルドの社会学原理』，ブハーリン『史的唯物論』，コント，ジンメル，デューウィ，セリグマン『社会科学事典』などである．こうした書物あるいは著者に言及しながら，清水は子ども時代の貧しい境遇，山の手へ

の嫌悪とインテリへの憧憬，医者志望，社会学への開眼，マルクス主義と社会学の間での葛藤，アカデミズムからジャーナリズムへの転身といったライフストーリーを語った．要するに『私の読書と人生』の基本テーマは「私は如何にして社会学者＝ジャーナリストになったか」ということであり，自伝というものがおしなべてそうであるように，**自分がこの人生を歩み，別の人生を歩まなかったのはなぜかを**，読者に，そして自分自身に説明しようとする試みである．

5.3 『私の心の遍歴』—家族の物語

家族経歴中心の構成

2番目の自伝『私の心の遍歴』は『私の読書と人生』から6年3ヶ月後の1956年1月に出版された．しかも『私の心の遍歴』は書き下ろしではなく，『婦人公論』に1954年1月から翌年12月までの2年間にわたって連載された文章をそのまま単行本として出版したものであり，実質的には最初の自伝の出版からわずか4年3ヶ月後に2番目の自伝の執筆に取り掛かったことになる．ここから普通に予想されることは，『私の心の遍歴』は『私の読書と人生』の二番煎じ，焼き直しであろうということだが，それはおそらく『私の心の遍歴』の連載を開始するにあたって清水がもっとも避けたかったことである．

もちろん1人の人間が2通りの人生を生きてきたわけではないから，内容に重複が見られるのは当然である．しかし『私の心の遍歴』には『私の読書と人生』とは別の側面から自分の人生を語ろうとする方針がはっきりと見て取れる．すわなち『私と読書と人生』が学校経歴と職業経歴を軸として展開されていたのに対して，『私の心の遍歴』は家族経歴の記述にかなりの分量が割かれている．最初の自伝では十分に語られなかった家族の物語（子ども時代の暮らしぶり，妻との出会い，父親の

死，娘の誕生など）が，2番目の自伝では存分に語られている．

　清水が『私の心の遍歴』で家族経歴上の出来事を多く語ったのは『婦人公論』の読者を意識したためでもあろう．自伝の書き手はたんに自分が書きたいことを書くのではなく，読者が関心をもつであろうことを書くのである（こうした事情はライフストーリー・インタビューの場合も同様である）．もちろん，このことは清水が無理に私生活を語ったということではない．むしろ清水は家族のことを語りたかったのではなかろうか．『婦人公論』から注文があったから家族のことを語ったというよりも，家族のことを語りたかったから『婦人公論』の注文に応じたと考えるべきだろう．いずれにしろ 2 冊の自伝は相互補完的な関係にあり，両者を併せて，出生から30代の終わり（終戦直後）までの 1 冊の自伝と見ることができる．

「あこがれの避暑」というエピソード

　しかし，2 冊の自伝がそうした双生児的な関係にあるとしても，両者を隔てる数年の歳月が自伝に何らの影響も与えていないということは考えられない．『私の読書と人生』は終戦直後の数年間，清水がもっともエネルギーを注いだ二十世紀研究所の活動が事実上終わり，ユネスコの会を通じて知り合った安倍能成（学習院大学院長）に請われて学習院大学教授に就任した年に執筆されたものである．それから数年後，『私の心の遍歴』を執筆したときの清水は，内灘闘争や砂川闘争といった一連の米軍基地反対運動の渦中にあった．社会学＝ジャーナリストの清水幾太郎は，平和運動家清水幾太郎になっていた．1936年の市ヶ谷への転居（前年に長女が誕生）の場面で終わっている『私の心の遍歴』には，当然のことながら平和運動の話は登場しない．しかし，平和運動の渦中に身を置いているという状況が『私の心の遍歴』の内容に反映していると思える箇所がある．

それは「あこがれの避暑」というタイトルの章である．そこには小学校3年のときに経験した福島県横向温泉での出来事が詳しく書かれている．身体によいからと，近所の医者の一家に誘われて，9歳の清水は親元を離れてひと夏を山奥の温泉で過ごすことになった．両親は心配したが，清水は温泉宿での避暑というものにわくわくしていた．しかし，期待は見事に裏切られる．宿はみすぼらしい一軒宿で，便所には新聞紙の代わりに大きな蕗の枯葉が備えられており，食事も貧しいものだった．

「宿について，いろいろな事情が判って来るにつれて，私は自分の立場がないことに気がつきました．この宿にいる人間は，滞在客か，医者の家族か，その使用人か，この三種類なのです．私だけはそのどれにも入らないのです．私は，宿泊料を払うお客ではありません．むしろ，朝と午後，お客の部屋へ，お茶と梅干しとを運ぶのが，いつの間にか，私の仕事になっていました．私はお客ではありません．また，私は医者の家族と同行して来はしたものの，勿論，この家族の一員ではありません．私と同年輩の息子はひどく乱暴で，時々，滅茶苦茶なことはやります．しかし，私は，どうしても，本気で彼と喧嘩する気持ちになれないのです．何となく，遠慮せねばならぬ立場にいるような気がするのです．(中略) そして，私は使用人でもないのです．使用人は私に向ってゾンザイな言葉を使いはしますが，自分たちの仲間とも見ていないようです．私は，一体，何者なのでしょうか．私は，どこにいても邪魔なような気がしてきました．」(『私の心の遍歴』)

　さらに悪いことに，横向温泉の気温は東京に比べると大変低かったために，清水は風邪をひいてしまい，百日咳のような深い咳が絶えず出るようになった．清水は，ただただ心細くて，東京に逃げ帰ることばかりを考えていた．結局，2週間あまりが経過した頃に，息子の境遇を人づてに知った父親が彼を迎えにきてくれたおかげで，彼はようやく東京に帰ることができた．

「他人から見れば,これは誠に小さな事件です.けれども,九歳の私にとっては,実に大きな事件でした.これは,後に関東大震災に遭ったり,徴用員としてビルマへ連れて行かれたりしたのに劣らぬ大事件でした.この大事件のために,私は一層臆病になってしまったようです.ウカウカと見知らぬ世界へ踏み込んだら,どういうことになるか,それを身にしみて感じたのでしょう.とにかく,すっかり臆病になりました.(中略)今でも,時々,横向温泉の夢を見ます.」(前掲書)

孤独の経験の想起

確かに「小さな事件」のように思える.不可解なことに,「関東大震災に遭ったり,徴用員としてビルマへ連れて行かれたりしたのに劣らぬ大事件」とあるが他の2つの大事件が3冊の自伝全部で取り上げられているのに対して,この横向温泉での一件は『私の心の遍歴』だけで語られ,前後の2冊の自伝ではまったく触れられていない.これはなぜだろう.関東大震災や太平洋戦争が清水個人にとってのみならず日本の社会全体にとっても大事件であるのに対し,横向温泉の一件はあまりに個人的な事件であるためだろうか.そういうことはあるかもしれない.しかし,それだけでは説明にならない.そもそも自伝とは個人的な出来事を書くものであるし,横向温泉の一件があまりに個人的な出来事であるために他の2冊の自伝では語られなかったとするなら,なぜ『私の心の遍歴』ではそれがあえて語られているのかが逆に問われなければならないだろう.

こう考えたらどうだろう.横向温泉の一件が『私の心の遍歴』で大きく取り上げられたのは,「ウカウカと見知らぬ世界へ踏み込んだら,どういうことになるか,それを身にしみて感じた」経験が『私の心の遍歴』を執筆していたときの清水にもあったからではないか.『私の心の遍歴』の執筆時の心情が『私の読書と人生』では封印されていた出来事

と共鳴し，横向温泉の記憶が鮮烈に甦ったのではないか．『私の心の遍歴』執筆時に清水が深くかかわっていた平和運動には，活動の華々しさの裏側に，横向温泉の記憶を想起させるような負の側面があったのではないか．3番目の自伝の中に次のような記述がある．

「私は再び孤独になり悲壮になっていった．昭和二十五年の秋，平和問題談話会が事実上の解散を行い，私は，自分だけがポツンと取り残されたように感じ，孤独になり悲壮になっていたが，その私に声をかけてくれたのは，総評および左派社会党であった．私は俄かに味方を得たように思い，先方は，『小さな人気者』としての私に利用価値を見出していたのであろう．しかし，何回か内灘村へ通っているうちに，腑に落ちないことが次第に殖えてきた．けれども，平和問題談話会の場合は，仲間が同じようなインテリで，みな政治の素人であったが，今度は，周囲にいるのは政治の玄人ばかりで，私だけが素人である．何事につけても，私は，自分の経験の狭さということを先ず考え，政党は，私などの知らぬ沢山の仕事を抱え込んでいるのであろう，手が廻らないのであろう，と考えてきた．しかし，いくら謙虚な態度を取ったつもりでも，腑に落ちない問題が残ってしまう．平和問題談話会によって宣言された，軍事基地絶対反対という道を真直ぐに歩いていこうとすると，それを三原則の一つに掲げた左派社会党の人々からも離れてしまうのではないか，二年ばかり前の孤独で悲壮な気持ちが再び戻ってきた．」（『わが人生の断片』）

清水は1945年の『中央公論』2月号に左派社会党を批判する文章「わが愛する左派社会党について」を書き，批判された左派社会党はただちに3月号で「清水幾太郎氏の愛情にこたえて」を発表，清水に反駁した．「あこがれの避暑」の章が『婦人公論』5月号に掲載されたのはこの論争の直後のことであった．孤独と悲壮の中で，新しい「仲間」と出会い，しかし再び孤独と悲壮の中に逆戻りする結果となり，「ウカウカと見知

らぬ世界へ踏み込んだら,どういうことになるか,それを身にしみて感じた」時期に,『私の心の遍歴』は執筆されたのである.清水の自伝の流儀に従って,『私の心の遍歴』執筆時の状況は自伝の記述の範囲外である.しかし,執筆時の心情は少年時代の出来事の記述の中に反映されている.集団の中での居場所のない経験,孤独な経験(そうしたことへの過敏さ)は,清水の思想遍歴を考える上での重要なポイントである.

第6章 ライフストーリーとしての伝記・童話

　現代人のライフストーリーの2大要素は「成功」と「幸福」である．多くの人々は生活の公的（職業的）な領域における「成功」と，私的な領域における「幸福」を求めて，人生を生きている．何が「成功」で何が「幸福」であるかは人によって異なっても，「成功」と「幸福」が現代人の共通の関心であることは間違いないだろう．

　では，「成功」と「幸福」を2大要素とするライフストーリーは，日本において，いつ，どのようにして，生成し定着していったのであろうか．

6.1　成功の物語

『西国立志編』―輸入された「成功の物語」

　前近代社会が社会移動を抑制する社会であったのに対して，近代社会はそれを認め，むしろ奨励する社会である．1868（慶応4）年3月14日に発表された新政府の基本方針「五箇条の誓文」には次のような一条が含まれていた．「官武一途庶民ニ至ル迄各其志ヲ遂ケ人心ヲシテ倦マサラシメン事ヲ要ス」．「志す」という行為は「積極的に何かしようという気持ちを持ち，その実現に努力する」（新明解国語辞典）ことである．「官武一途庶民ニ至ル迄」つまり国民すべてが各々の「志」の実現に向けて不断の努力を続けるような国家，それが新政府の思い描く近代国家日本のイメージであった．個々人の人生における努力と成功がそのまま

国家の繁栄につながると考えられたのである．「立身出世」と「富国強兵」は表裏一体のものであった．

　では，「志」の実現に向けて不断の努力をする生き方とは具体的にどのようなものなのか．近代国家としての船出の時期に，日本は西洋から国家の骨格をなす諸制度を輸入したが，そこには**文化としてのライフストーリー**も含まれていた．西洋における近代版ライフストーリーの嚆矢は，「人生の幸福は勤勉と自修とによってもたらされる」という信念を多くの科学者や発明家の伝記的エピソードを引きながら説いた，サミュエル・スマイルズの『自助論（セルフ・ヘルプ）』（1858年）である．『自助論』はスマイルズの母国イギリスで評判になったばかりでなく，新興国アメリカでも広く読まれ，ヨーロッパ各国の言葉にも訳された．イギリスですでに現実のものとなっていた来るべき産業革命への心がまえの書として読まれたのである．

　この『自助論』が中村正直によって邦訳され『西国立志編』という書名で博文館から発行されたのは原著の出版から13年後の1871（明治4）年である．西洋への関心はすでに福沢諭吉の『西洋事情』（1966-70）によって十分に加熱されていた．西洋志向と立身出世志向が結びついた抜群のネーミングのせいもあって，『西国立志編』は空前のベストセラーとなった．

『野口英世伝』──和製「成功の物語」の正典

　『西国立志編』の登場人物は，ベンジャミン・フランクリン，ジェームズ・ワット，ジョージ・スチーブンソンなど当然のことながら西洋人ばかりであった．『西国立志編』の大成功に刺激されて日本人を主人公とした多くの類似本が出されたが，それは二宮尊徳に代表されるように，「努力」や「勤勉」の体現者ではあったものの，前近代社会を生きた日本人であった．

しかし，やがて『西国立志編』を読んで育った世代の日本人を主人公とした「成功の物語」が書かれるようになっていった．子どものために書かれた日本人の伝記で一番多いのは野口英世のものである．

野口英世は1876（明治9）年に福島県猪苗代湖畔の翁島村で生まれ，1928（昭和3）年にイギリス領西アフリカ（現在のガーナ）の首都アクラで死んだ．彼の「成功の物語」は次のように要約することができる．「野口英世は貧しい農家に生まれ，幼いとき，左手に大火傷をしたが，不断の努力により，世界的な医学者になった」．努力（勤勉）と上昇（立身出世）がこの物語の主要素であり，出身階層の低さ（貧農），身体的ハンディキャップ（左手の大火傷），職業的使命に殉じた最期（黄熱病で死亡）といった付加的要素がこの主要素を際立たせるための格好の条件となっている．彼についての最初の伝記は彼の生前1921（大正10）年に出版された渡辺善助著『発見王野口英世』で，以来，百を優に越える伝記が刊行され，日本全国の書店の書棚にはいまでも彼の伝記が並んでいる．「野口英世」伝は近代日本における「成功の物語」の聖典ともいうべきものである（野口の実人生を彩った酒や女や借金の話はそこではきれいに削除されている）．

「成功の物語」と付随する3つの物語

努力と上昇を主要素とする「成功の物語」の台頭は，必然的に「幸運の物語」「挫折の物語」「堕落の物語」という3つの物語を生む（図1）．「幸運の物語」とは「努力せずに上昇する（棚からぼた餅）」物語であり，「挫折の物語」とは「努力はしたが上昇できなかった」物語であり，「堕落の物語」とは「努力せずに下降していく」物語である．

「成功の物語」こそが近代社会におけるライフストーリーの正本であり，他は正本の正統性を際立たせるための異本である．とくに「堕落の物語」は反面教師として修身の教科書に「成功の物語」とワンセットで

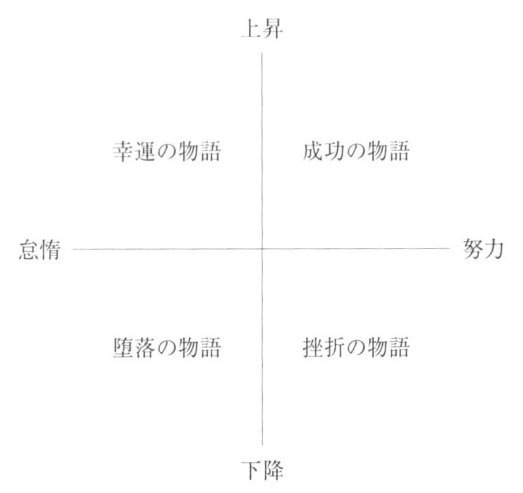

```
              上昇
               │
               │
   幸運の物語  │  成功の物語
               │
               │
怠惰 ──────────┼────────── 努力
               │
               │
   堕落の物語  │  挫折の物語
               │
               │
              下降
```

図1　成功の物語と付随する3つの物語の位相

取り上げられることが多かった（ちょうど『イソップ物語』の中の「アリとキリギリス」の話のように）．

　しかし，明治末期，自然主義の作家たちは「人生の真実」を求めて，「堕落の物語」や「挫折の物語」を好んで書いた．たとえば田山花袋は，『蒲団』(明治40年) で，文学で身を立てることを夢みて上京したものの書生との恋に堕ちたがために郷里に帰される女学生を描き，『田舎教師』(明治42年) で，東京に出て文学で身を立てることを夢見ながら田舎の小学校の教師として埋もれて死んでいった青年を描いた．花袋が彼らを描いたのは，当時において，彼らが特異な存在だったからではなく，ありふれた存在だったからである．「成功の物語」は多くの人々を成功（立身出世）へと駆り立てたが，実際に成功を勝ち得る人はその一部に過ぎなかった．

閉塞する社会

　石川啄木は「時代閉塞の現状」(明治43年)で次のように指摘している．
「今日我々の父兄は，大体において一般学生の気風が着実になったと言って喜んでいる．しかもその着実とは単に今日の学生のすべてがその在学時代から奉職口の心配をしなければならなくなったという事ではないか．そうしてそう着実になっているに拘らず，毎年何百という官私大学卒業生が，その半分は職を得かねて下宿にごろごろしているではないか．しかも彼等はまだまだ幸福な方である．前にも言った如く，彼等に何十倍，何百倍する多数の青年は，その教育を享ける権利を中途半端で奪われてしまうではないか．中途半端の教育はその人の一生を中途半端にする．彼等は実にその生涯の勤勉努力をもってしてもなおかつ三十円以上の月給を取る事が許されないのである．無論彼等はそれに満足するはずがない．かくて日本には今「遊民」という不思議な階級が漸次その数を増しつつある．今やどんな僻村へ行っても三人か五人の中学校卒業者がいる．そうして彼等の事業は，実に，父兄の財産を食い減らす事と無駄話をする事だけである．」

　ここに描かれているのは「遊民」という若者の新種のカテゴリーの台頭である．挫折や堕落は彼らの怠惰や不運のためだけではない．進学率の上昇によって学歴のインフレが進んだ結果，社会移動のパスポートとしての学歴の機能が低下しはじめていたのである．

6.2　幸福の物語

反転する「人生の物語」

　「努力して上昇する」という「成功の物語」は，近代社会の理想の物語であって，必ずしも現実の物語ではない．現実の物語の多くは「挫折の物語」である．それは人生を「ありのまま」に描こうとする自然主義

文学が好んで取り上げる題材ではあったが，庶民の多くは「惨めな現実」を直視することを好まなかった．彼らが必要としたのは**「成功は必ずしも幸福にあらず」をテーマとする「幸福の物語」**だった．

「幸福の物語」は「成功の物語」の陰画である．「努力して上昇する」ことをよしとする「成功の物語」の視点から見れば，成功，幸運，挫折，堕落と映る人生が，実は，そうではなかったという物語である．「幸福の物語」の視点から見れば，成功とは人間として大切なものの喪失であり，挫折とはそうならずにすんだということであり，堕落とは人間性の回復であり，幸運とは不幸の始まりである．「成功の物語」が支配的なものとなり，かつ神話（夢物語）化されるにつれて，その**対抗文化としての「幸福の物語」**が求められるようになったのである．

『青い鳥』―「幸福の物語」の原典

「成功の物語」の原典がスマイルズの『自助論』であったように，「幸福の物語」の原典もヨーロッパから輸入された．モーリス・メーテルリンクの戯曲『青い鳥』（1908年にモスクワ芸術座で初演され，翌年に出版）がそれである．おそらく彼のノーベル文学賞受賞（1911年）が契機となったのであろうが，『青い鳥』が若月紫蘭によって邦訳されたのは1913（大正2）年のことである（大正9年に有楽座で初演）．『青い鳥』はチルチルとミチルの兄妹が幸福の象徴である「青い鳥」を求めて旅をする物語である．野口英世の伝記の場合と同じく，いまでも全国の書店の児童書の棚には『青い鳥』が（読みやすいように戯曲から童話の形に翻案されて）並んでいる．

『青い鳥』の第4幕第9場「幸福の花園」のテーマは幸福の類型論で，4つのタイプの幸福が登場する．

第1は，「太った幸福たち」．具体的には，「金持ちの幸福」「地主の幸福」「虚栄に満ち足りた幸福」「酒を飲む幸福」「ひもじくないのに食べ

る幸福」「なにも知らない幸福」「もののわからない幸福」「なにもしない幸福」「眠りすぎる幸福」などである．彼らが大宴会をくりひろげる部屋に「光」が射し込むと，互いに顔を見合わせて，自分たちの本当の姿，裸で，哀れで，見にくい姿に，恥ずかしさのあまり悲鳴をあげて「不幸」の洞穴へと逃げ込んでいく．

第2は，「子どもである幸福」．歌ったり，踊ったり，笑ったりはするが，まだ話をすることはできず，貧富の区別はなく，この世でも天国でもいつも一番美しいも衣装を着ているが，彼らはすぐにいなくなる．子どもの時代はごく短いのである．

第3は，「あなたの家の幸福たち」．具体的には，「健康である幸福」「清い空気の幸福」「青空の幸福」「森の幸福」「昼間の幸福」「春の幸福」「夕日の幸福」「星の光り出すのを見る幸福」「雨の日の幸福」「冬の火の幸福」「霧の中を素足で駆ける幸福」などである．家のドアが破れそうなくらい，家の中にいっぱいいるのだが，誰もそのことに気づかない．

第4は，「大きな喜びたち」．具体的には，「正義である喜び」「善良である喜び」「仕事を仕上げた喜び」「ものを考える喜び」「もののわかる喜び」「ものを愛する喜び」「母の愛の喜び」などである．きらきらと光った衣装を着て，背の高い，美しい天使のような姿をしている．「幸福」という名前は付いておらず，他の「幸福」たちのように笑ってはいないが，人が一番幸福なのは笑っているときではない．

「あなたの家の幸福」＝真の幸福という誤読

……と紹介すれば，メーテルリンクの考える真の幸福が「大きな喜びたち」であることは誰にでもわかるであろう．彼は「太った幸福たち」を唾棄すべきものとして見る一方で，人々が「あなたの家の幸福たち」に埋没してしまうこと（私生活中心主義）も懸念していたのである．しかし，多くの読者はそうは読まなかった．探し求めた幸福の「青い鳥」

は結局自分の家の中にいた（ただし最後の最後にそれはまた逃げ出してしまうのだが）―皮肉なことに，『青い鳥』は，読者の多くがこの物語の結末部分を「あなたの家の幸福たち」こそが真の幸福であると誤読的に受容することによって，「幸福の物語」の原典としての地位を獲得したのである．

「あなたの家の幸福たち」は「成功の物語」の中で語られてきた「追い求める幸福」の対抗文化としての「気づく幸福」である．しかし，「あなたの家の幸福たち」は人がその存在に改めて気づく以前にそこにあったのではない．「あなたの家の幸福たち」は「冷たい世間」（都市生活）を経験した人間が「家庭生活」や「田園生活」を美化することによって，「発明」したものである．「あなたの家の幸福たち」は伝統的な幸福観の再評価ではなくて，「成功の物語」の台頭の中で新しく生まれた幸福観なのである．

幸福の場所としての「家庭」

「成功の物語」の対抗文化として誕生した「幸福の物語」は「家庭」というものの地位を高めた．「成功の物語」を生きるべく悪戦苦闘する男たちにとって，「家庭」は扶養すべき者たちのいる場所であると同時に，やすらぎの場所となった．一方，「成功の物語」に生きる男たちと結婚した女たちにとって，「家庭」は世話すべき者たちのいる場所であると同時に，生きがいの場所となった．会社勤めをする男たちの不平不満を緩和し，「良妻賢母」という役割を女たちに担ってもらうためには，社会は「幸福の場所」としての「家庭」のイメージを必要としたのである．

「家庭」と一口に言っても，新婚夫婦の「家庭」から老夫婦の「家庭」まで，「家庭」の風景はライフサイクルの中でさまざまに変化する．しかし，幸福の場所としての「家庭」がイメージされるとき，そこには

「小さな子どもたち」がいることが常である.「子ども」は「あなたの家の幸福たち」の中心にいる.『青い鳥』の誤読はここにおいて二重である.ひとつは,すでに述べたように「あなたの家の幸福たち」を「真の幸福」と解釈したこと.そしていまひとつは,「子どもである幸福」を「子どもがいる幸福」とすり替えたこと.「子どもである幸福」は子ども本人の幸福であり,幸福の4類型の1つであるが,「子どもがいる幸福」は親の幸福であり,したがって「あなたの家の幸福たち」に帰属する.このすり替えによって「あなたの家の幸福たち」はますます豊かなものになった.しかも「子どもがいる幸福」はメーテルリンクが「真の幸福」と考えた「大きな喜びたち」の1つである「母の愛の喜び」とも結びついている.愛情至上主義社会である近代社会において,疑わざるべき至高の価値とされる「母性愛」と結びつくことで,「幸福の場所」としての「家庭」の地位は確立された.

『赤い鳥』―「家庭」と「子ども」へのまなざし

したがって幸福の場所としての「家庭」の地位の確立は,「子ども」を「純粋無垢な存在」として見るロマン主義的な子ども観の確立と時期を同じくしている.日本においてそうした子ども観が確立した時期は,鈴木三重吉によって雑誌『赤い鳥』が創刊された1918(大正7)年頃と考えられる.『赤い鳥』創刊号に掲載された『赤い鳥』の標榜語(モットー)にはこう書かれている.「『赤い鳥』は世俗的な下卑た子供の読みものを排除して,子供の純性を保全開発するために,現代一流の芸術家の真摯なる努力を集め,かねて,若き子供のための創作家の出現を迎ふる,一大区画的運動の先駆である」.ここでは「子供の純性」は「保全開発」すべきものと考えられている.それは「現代一流の芸術家」だけの仕事ではなく,教師や母親の仕事でもあるだろう.『赤い鳥』創刊号は1万部印刷で9千部が売れたそうだが,買い手は子どもではなく,教

師や母親たちであった.『赤い鳥』は子ども自身が自分の小遣いで買って読む雑誌ではなく,教師や母親が買って子どもに与えるための雑誌,子どもに読んで聞かせるための雑誌であった(その証拠に「御園白粉」や「三越呉服店」の広告が掲載されている).

　自宅の居間で母親が「純真無垢な」子どもに『赤い鳥』を読んで聞かせてやる姿は,幸福な場所としての「家庭」の風景である.もちろんそれは庶民一般の「家庭」の風景ではなく,勃興しつつあった「中流家庭」の風景ではあったが,にもかかわらずではなく,まさにその故に,幸福の場所としての「家庭」の風景たりえたのであった.『赤い鳥』という誌名と『青い鳥』との関連は定かではない.三重吉の盟友小川未明は『赤い橇(そり)』という誌名を三重吉に提案したというし,その未明には「赤い舟」という童話(明治43年)がすでにあった.「赤」は血と愛情の象徴であり,「暖かな家庭」を連想させる色である.メーテルリンクの『青い鳥』は最後に再び「青い空」(公的世界)へと逃げていってしまったが,三重吉の『赤い鳥』は「暖かな家庭」の母と子の側を離れなかった.

「成功の物語」と「幸福の物語」のその後

　こうして大正中期に「成功の物語」と「幸福の物語」という近代日本におけるライフストーリーの両輪がそろった.その後,2つの物語は,一時期(昭和戦前・戦中期),「国家(お国のため)の物語」に吸収されるが,戦後,すぐに復活し,ベビーブーム世代の成長と歩調を合わせながら展開していった.すなわち「成功の物語」は「受験戦争」や「モーレツ社員」や「キャリア・ウーマン」といった言葉で語られ,「幸福の物語」は「マイホーム主義」や「ニューファミリー」や「脱サラ」といった言葉で語られた(その裏返しとして「挫折の物語」や「堕落の物語」が「自殺」や「蒸発」といった言葉で語られ,「不幸の物語」が

「家庭内暴力」や「家庭内離婚」といった言葉で語られた)．「成功の物語」は依然として学校や会社と結びつき，「幸福の物語」は依然として家族と結びついていた．

しかし，高度経済成長が終わり（オイルショック），さらに低成長も終わり（バブル崩壊），失業率・離職率の上昇，非正規雇用者の増大，晩婚化・非婚化・少子化の趨勢，離婚率の上昇の中で，「成功の物語」の会社離れと「幸福の物語」の家族離れ，すなわちライフストーリーのさらなる個人化（「自分探しの物語」への変容）が進行している．

けれども，現代人のライフストーリーの2大要素が「成功」と「幸福」であることは少しも変わってはいない．「成功するための方法」や「幸福になる方法」をテーマにした書籍が次々に出版され，ベストセラーの上位を占めている．前者は一般に「自己啓発」というジャンルで呼ばれ，「いまの自分を変えなければならない」というメッセージを読者に送っている．他方，後者は一般に「セラピー」というジャンルで呼ばれ，「いまのままのあなたでいい」というメッセージを読者に送っている．相対立するメッセージだが，相対立するものだからこそ，相互補完的に共存しえるのである．

両者に共通なのは，社会へ働きかけ，社会を変えようとする発想の乏しさである．社会の現状を前提として，それに適応するために，「いまの自分を変えなければならない」とするか，「いまのままのあなたでいい」とするかの違いである．社会の現状を人々が変える（外発的な要因によってでなく）ためには，個人化するライフストーリーの間に一種の共鳴現象が生じなければならない．個人化は必然的に孤立を生むわけではなく，同時にネットワーク（連帯）を生む可能性も秘めている．なぜならライフストーリーとはたんに語るものではなく，耳を傾けるものでもあるからだ．そのときネットワークの契機となるのは「成功の物語」ではなく「幸福の物語」であろう．「成功」とは希少な社会的資源の獲

得競争と結びついた概念であり,「みんなで成功する」というのは論理的に難しいことだが,「幸福」は必ずしも希少な社会的資源と結びついているわではなく,「みんなで幸福になる」ことは論理的には可能であるからだ.

第7章 ライフストーリーとしての人生相談

 われわれが日頃よく目にするライフストーリーの1つに新聞の人生相談記事がある．それは非常に短いものだが（元々の相談の手紙はもっと長いものなのだろうが，われわれが目にするのは担当者による編集版ライフストーリーである），相談者の現在の生活の中心にある悩みが語られている．いわば超短篇の負のライフストーリーだ．

7.1 大正時代の人生相談

読売新聞の「人生相談」

 読売新聞の紙面に「人生相談」（当初は「身の上相談」と称した）欄が設けられたのは1914（大正3）年5月2日のことである．以後，日中戦争と太平洋戦争と敗戦直後の期間を除いて，「人生相談」欄は現在まで続いている．

 一般の読者が個人的な悩み事を投稿し，回答者が紙面でそれに答えるという「人生相談」欄は，言ってみれば，田山花袋が『蒲団』(1907年)で実行した「告白」の大衆版である．文学青年たちが私小説という形式を使って行おうとしたことを，庶民は新聞の「人生相談」欄を借りて行おうとしたのである．

 近代的自我の構造的特徴が外面（公的自己）と内面（私的自己）の二重構造にあるとすれば，そうした二重構造は内面を語ることを通して形成される．内面を語るとは，具体的には，他人に言えない悩みや秘密を

語るということである．逆に言えば，近代的自我を持つためには悩みや秘密がなくてはならないのである．一高の秀才藤村操が「人生は不可解なり」の一言を遺して華厳の滝で投身自殺をしたのは1903年（明治36）年のことだった．新聞・雑誌はこれを「哲学自殺」「煩悶自殺」と命名し賛美した．「煩悶」や「神経衰弱」は時代の流行語となり，それらは一種高尚な雰囲気を伴っていた．悩むこと，苦しむことは近代的自我の証であった．ちなみに読売新聞紙が「身の上相談」を開始した同じ年の4月20日，ライバルの東京朝日新聞では夏目漱石の『こゝろ』の連載が始まっている．「内面＝心」への関心の高まりが時代の趨勢であったことを物語る符号の一致である．

当時の人生相談の中身

　当時の相談内容には，たとえば「夫が一日にミカンを20個も食べるが，何か衛生上悪いことはないでしょうか」（大正4年1月31日）というような，われわれから見て「これが人生相談といえるだろうか」と思えるものが混じっている（ちなみに回答は，「そうそうミカンばかり食べては身体のためにならないから，ミカンのほかにリンゴなども食べるようにお勧めなさい」とまるで漫才のようである）．

　反対に，たとえば「毎日毎日閑散な日を過ごすのは，何だか自然の道に背くような気がして，罰があたりはせぬかと良心に恥ずることもあります」（大正6年11月15日）という34歳の主婦からの相談のように，「専業主婦の憂鬱」としてわれわれにはおなじみのものが，「これはまた珍しいお尋ねですね」と回答者によって新種の人生相談として扱われていることもあった．「専業主婦の憂鬱」が新種の悩みとして受け取られたのは，「主婦」（俸給生活者の妻）が新たに台頭してきた社会的なカテゴリーだったからである．

ある職業婦人の暗愁

「主婦」と同様，大正時代に台頭してきた女性の新たなカテゴリーとして「職業婦人」がある．働いている女性という意味だが，農業や工業（女工）や自営業の手伝いとかではなく，事務職や専門職についている女性という意味である．ステイタスの高い職業に就いている女性なのである．当時の流行語であった「新しい女」の職業的形態といってもいいだろう．そうした「職業婦人」の中でも最高ランクの職業である「女医」からの相談が載っている（大正6年7月14日）．

「私は三十歳を二つ三つ越した女医で，いわゆる職業婦人です．目下は独立をして医院を開業し，かなりな生活を営んでおります．これという不満もありませんが，時として何となしに一種の暗愁に駆られるのです．それは，これから追い追い寄る年波を，こんな独身姿で送っていくということから起こる悲哀であるように思われます．身を粉にして働き，かつ勉強してきた今までも，本当の人間の幸福，ことに婦人の幸福とは，途方もないほど遠いもののように思われてなりません．（中略）とはいえ，開業以来，一カ月ごとに私の生活は忙しくなり収支の数字も次第によい結果を示しています．私は，もちろん今後もこの職業を進めていこうとは思っているのですが，一面において前申しあげたようなゆるんだ気分が，今の生活の全部を否定しそうです．人間生活の真実，ことに婦人としての生活味は，もっともっと平凡なところにあるのではなかろうか．自分の生活は人間の本質に逆行しつつあるのではあるまいか，とさえ考える場合があります．そんな時，とんでもない危機に自分が立っていることを思って，言い知れぬ不安に襲われます．」（一職業婦人）

社会的な成功を果たした女性が，外面の充実とは裏腹の内面の空虚さを訴える相談である．「成功≠幸福」という明治末から大正にかけて台頭してきた人生観を背景としている点が注目される．この相談に対する回答は次のようなものであった．

「あなたの触れている問題は，きわめて興味ある問題です．今の婦人は，生活に肉薄したある一面において，実際のあなたのおしゃるような問題に痛切に触れつつあると思います．なすべきことはなしとげた後に起こる悲哀を，あなたは今感じておられるということ．それは，女医の試験に及第して，ともかく成功されているということからくる一種の暗愁ではありませんか．人生はこれに成功したら満足だというような単純なものではありません．さらにさらに，人は永遠に向上すべく，成功を望んで進まなければならぬものです．ですから，これ以上何を追及すべきかあなたの眼が醒めていないから，悲哀が心に食い込んでくるのではありませんか．ただし，これは非常に進歩した人の心境に起こるもので，誰でもそうだとは言えません．もし，こんな心持に近いものがあなたの内に見出せたら，あなたはさらに何に成功すべきか，何を追及すべきかについてお考えなさい．（中略）あなたがもし，どうしても耐えられないならば，適当な配偶者を求めて一時も早く結婚なさることです．いかなる職業といえども，それを続けることがその人にとって幸福でないならば，何も好んでやせ我慢を張ることはありません．（後略）」

「人生相談」欄の社会的機能

　端的に言えば，「人生相談」欄は**個人的問題が人生問題として社会的に承認される場所**である．相談者はただ単に自分が困っている問題を相談するのではなく，「人生相談」欄が取り上げてくれるであろう問題を相談する．新聞社は相談をランダムに採用するのではなく，「人生相談」欄で取り上げるに相応しい問題を採用する．回答者は個々の相談への回答がその場限りの特殊なものではなく，同種の相談に対して繰り返し適用可能な一般性のある回答をする．読者は相談者と回答者のやりとりを対岸の火事を見物するように読むのではなく（そういう面もあるが，それだけでなく），自身の人生問題への対処の参考にしようとして読む．

いま紹介した女医の相談とそれへの回答は少数派の「職業婦人」たちにとってもちろん参考になったであろう．では，多数派の女性たちにとってはどうか．それは「贅沢な悩み」として受け取られただけだろうか．そうではない．成功しても幸福ではないという「職業婦人」の相談は多数派の既婚女性たちに，「成功と幸福は別なのだ」「自分の人生は平凡だが幸福だ」という一種のセラピー的な効果を与えたであろう．

　こうした相談者，新聞社，回答者，読者の共同作業の産物として，その時代，その社会における人生問題が構築される．それは悩むに値する問題であり，語る（相談する）に値する問題である．言うまでもなく，人生問題は当該社会の構造や文化を反映している．職業選択や配偶者選択の問題は，職業選択や配偶者選択の自由が制度的に存在しない社会では生じないし，容姿の悩みは「望ましい身体」のイメージが存在しない社会では生じようはずがないのである．そして社会構造や文化は一定不変のものではないから，社会変動や文化変動に呼応して人生問題もその様相を変えていくはずである．

7.2　1960年代の人生相談

自己疎外と人生問題

　新聞の人生相談に着目したもっとも有名な社会学的研究は，見田宗介の論文「現代における不幸の諸類型－現代人の人生問題」（1963年）であろう．彼は1962年の読売新聞の人生相談304件を分析した．その狙いは次のようなものである．

　「本稿で私が試みようとしていることは，現代人の日常生活のレベルにあらわれる『不幸』のさまざまな形態を手掛かりとして，その背後にある因果連関を執拗にたぐる作業をくり返しながら，それぞれの事例における個別性をつきぬけた普遍的な問題状況としての，いわば人間の

〈自己疎外〉—人間が，人間としての本質から疎外されている生き方の状態—をうきぼりにすると同時に，逆にこの普遍的な状況が一人一人の〈人生〉の問題に，どのような影を投げかけているか，その具体的なみちすじを解明していくことである．したがって本論の目的は，現代における根源的な事態としての人間の自己疎外が，人々の日常性を規定するさいのみちすじ，そこに介在する諸要因の布置連関（constellation）を了解可能な方法で再構成してみることである．」

1960年代前半（昭和30年代後半）という時代を色濃く漂わせている文章である．21世紀を迎えた現在，その時代は「活気にあふれた時代」「未来が明るかった時代」として郷愁や憧憬の対象になっているが，当時の社会学者たちは高度成長の最中の日本社会を大衆社会や管理社会として捉え，人々がそこに深く組み込まれ，いわば機械の部品となることで，自己や人間性というものを喪失していくのではないかと考えていた（「自己疎外」はマルクス主義的な概念だが，当時の日本の社会科学においてマルクス主義は一定の勢力を有していた）．

高齢の両親と暮す27歳未婚女性の事例

論文の中で，見田はとくに12の事例を取り上げて詳細な分析を試みている．その中から1つの事例を紹介しよう．相談は27歳の女性からのものである．

「私は金融機関に勤務する27歳の女性で，高齢の父母と3人ぐらしをしています．いくつかあった縁談も，両親も私も幸福になれるようにと望んだためまとまらず，現在に至っています．自分では気の進まぬ結婚をするくらいなら，独身で勤めを続け両親をみてあげようと思っていますが，近隣や職場で理想が高すぎるとかオールドミスとかかげ口をきかれ，職場ではけむたい存在ではないかと思うにつけ，居づらい思いがし，明朗さも失いがちな日々となってしまいました．私たちの職場では共か

せぎができず，女子は結婚すると退職しなければなりません．それで経済力をつけたいと洋装を習いはじめ，こんど後期の勉強を東京の本校でおさめ師範免許をとるつもりでいますが，そうなると今の職場をやめねばなりません．東京でどうやって勤め口をさがせばよいのか，家や両親をどうすればよいのか，新聞の求人欄をみても現在の給料の半分にもならないので思案にくれています．」(長野・R子)

要因連関

　見田はこの相談に対して「幸福とか成功のイメージに関する一定のステレオタイプができ上り，そこらからはずれた人びとは不幸であり失敗者であるという通念が，ある社会に流通すると，そのこと自体によって，本来必ずしも不幸でも失敗者でもない人びとまでが，焦燥と劣等感に悩まねばならなくなることがある」とコメントした上で，この事例から以下のような要因連関を析出している．

(1) 相談者の訴える事態の中心は，年老いた父母を養わねばならないために結婚が遅くなったこと，そのために経済力をもたねばならないが，今の職場には居づらいし，新しい勤め口もみつからないのでどうしたらよいかわからないということである．

(2) まず，生活力のない老人の扶養がすべて，その家族の肩に負担としてかかってくるために，一人娘の結婚が疎外されるという事態が下敷きになっている．

(3) 他方ではまた，「女の幸福」は家庭にのみあり，独身女性は人生の失敗者であるという通念自体が，彼女らをいっそう居づらい立場にしている．

(4) 相談者がよい勤め口を見出すことができず，また結婚するとやめねばならない職場が多いということは，社会的過剰人口の問題のほかに，「職場の花」としての女性の地位の問題がある．後者はまた，

職業をもつ女性に対する経営者や周囲の人びととの考え方の問題であるのみならず，家事労働や育児労働の負担をじっさいにどう処理するかという問題でもある．

(5) ここにはまた，周囲の口うるさいし結婚の機会も少ない農村社会の停滞性への閉塞感と，〈約束の地〉ではないまでも何らかの〈可能性〉の開かれている「都会」への脱出願望をみることができる．

以上の要因連関を図示すると図2のようになる．

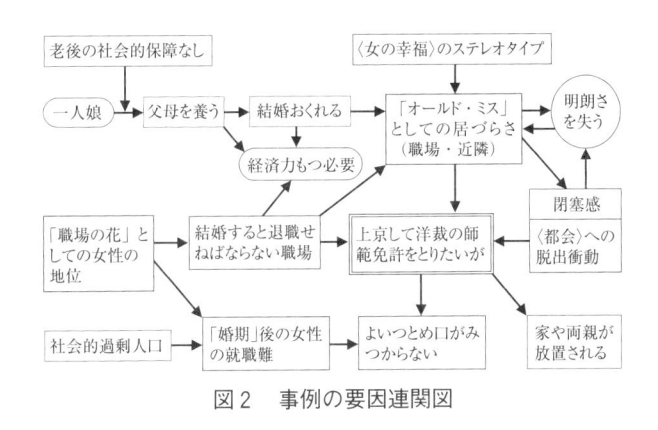

図2 事例の要因連関図

主観的要因連関と分析的要因連関

この要因連関図は相談者が認識しているものではない．つまり主観的な要因連関（物語的因果性）ではない．相談者の「語り」を素材として分析者（見田）が社会学的想像力を駆使して見出したものである．個人の語るライフストーリーは語り手が自身の人生に付与した主観的な要因連関を含んでおり，ライフストーリー分析においてはまずそれを理解することが先決だが，それで分析が終わるわけではなく，それに続いて，語り手が認識していない（あるいは認識しているかもしれないが語っていない）社会的要因や心理的要因との関連が分析されなくてはならない．

その場合，分析者の力量や分析者が依拠している理論的枠組みによって，同じ事例を分析しても析出される要因連関は違ってくるだろう．調査実習などでは，分析が恣意的なものにならないために，1つの事例を1人の学生が分析するのではなくて，チームを組んで1つ1つの事例をディスカッションを重ねながら分析するとよいだろう．

疎外状況の全体的な構造連関

　見田は304件の事例の要因連関図を作成し，類似するもの同士を重ね合わせてゆき（**モンタージュ法**），最終的に，図3（次頁）のような疎外状況の全体的な構造連関を析出した．個々の事例はこの潜在的な構造的要因連関の一部が顕在化したものと考えるわけである．不幸の形態には「虚脱・倦怠」「不安・焦燥」「孤独・反目」「欠乏・不満」という4種類があり（さきほどの27歳の女性の事例は「不安・焦燥」に分類される），それぞれの不幸は特定の意識構造と連関し，その意識構造は特定の生活構造と連関し，その生活構造は特定の社会構造と連関し，最終的に，その社会構造は特定の生産構造（現代の資本主義的生産構造）と連関している．要因間の因果関係の方向は基本的に左から右へであり，この図を左に90度回転させれば，下部構造が上部構造を規定するというマルクス主義的な視点が見て取れる．やたらに自己責任を強調する現代の新自由主義的なものの見方からすると，見田の提示した図式は，相談者個人の主体性や責任が軽視され，何でも「社会の構造に問題がある」という論法に見えるかもしれない．しかし，ライフストーリーの断片ともいうべき人生相談の分析から出発してマクロとミクロをリンスする壮大な構造連関を析出した見田の力量（社会学的想像力）には驚かされる．

回答者の「語り」にも注目を

　ただし，見田の分析で物足りないのは，相談に対する回答の分析があ

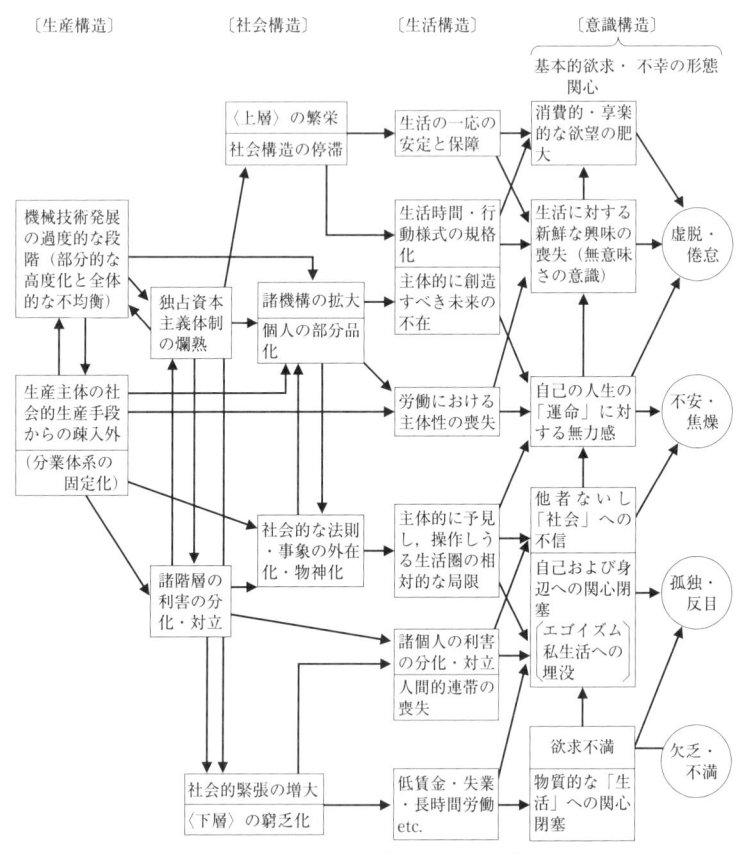

図3 疎外状況の全体的な構造連関

まり行われていないことだ．相談と回答がワンセットになって新聞の人生相談記事は成り立っているのだが，見田はそのデータの前半部分しか十分に活用していない．回答者は社会の代理人である．彼らは，ある時は「支配的な語り」の立場から，ある時は「対抗的な語り」の立場から，ある時は「オルタナティブな語り」の立場から，相談者を励ましたり諭したりする．そこにその時代におけるライフストーリーをめぐる一種の

社会的磁場が浮き彫りにされる．人生を語る（意味付ける）という行為は，個人の自由裁量に委ねられているわけではなく，他の社会的行為と同じように，ある種の「語り」を促進し，ある種の「語り」を抑制しようとする社会的な諸力とのせめぎ合いの中で遂行されるものである．時代の特徴は相談者の「語り」の中だけでなく，回答者の「語り」の中にも反映されているのである．

　今日，あなたはもう新聞を読まれただろうか．読売新聞の人生相談記事（現在は「人生案内」というタイトルがついている）はインターネットでも読むことができる．試しに今日の人生相談に目を通してみてほしい．そして自分がもし回答者ならどういうアドバイスをするかを考えてみてほしい．しかるのちに実際の回答を読めば（もちろんそれは「正解」というわけでない．「正解」は複数あるのかもしれないし，どこにもないのかもしれない），社会学的想像力の格好の訓練になるだろう．

おわりに

　本書では，ライフストーリー・インタビューとメディアの中に存在するライフストーリーの諸形態をとりあげたが，紙幅の関係で割愛せざるを得なかったいくつかのテーマについて言及しておきたい．

　以前には存在しなかった個人の「語り」の場としてインターネット空間における**ブログ**（ウェブログ）がある．匿名で，あるいは実名で，一般の人たちが日々の出来事を書き込み，その人の知り合いや見知らぬ他者がそれを読み，ときに感想（コメント）を書き込むという新しいメディアである．実は，筆者自身，2002年の11月から研究室のHPのコンテンツの1つとしてブログを始めて，現在にいたっている（ほぼ毎日更新している）．そうした参与観察者の立場からみると，ブログという新しいメディアは新しいタイプの自己表現を生み，そして新しいタイプの相互作用（つながり）を生んでいるように思われる．この分野の研究はまだ緒に就いたばかりであるが（たとえば山下清美ほか『ウェブログの心理学』NTT出版，2005），今後の発展が大いに期待される．

　ポピュラーカルチャーの中のライフストーリーとしては，本書でも取り上げた伝記や童話のほかに，**小説**，**映画**，**TVドラマ**，**ドキュメンタリー**などがある．たとえば，愛情至上主義者（主人公）と拝金主義者（ライバル）の対立というのは，TVドラマの定番的な構図である．この場合，最終的に勝利するのがどちらであるかは明らかである．視聴者はそれがわかっていて，いや，わかっているからこそ，安心して，愛情至上主義者（主人公）の勝利する過程を楽しむのである．ポピュラーカルチャーの中のライフストーリーとは，社会の現実そのものではなく，現実がそうあってほしいという人びとの願望を表現しているのである．

　ポピュラーソングにもライフストーリーのモチーフは含まれている．

Jポップにしろ演歌にしろ，その大部分は恋愛を歌ったもの，ラブソングである．愛情至上主義の一形態としての恋愛至上主義がここには見られる．人生をドラマチックに語りたいという欲求が現代人にはあるが，恋愛は多くの人が経験することができる（かもしれない）ドラマチックな出来事である．恋愛のほかに多くの人が経験するドラマチックな出来事は「死」（自分自身の死や親しい者の死）であるが，それは小説，映画，TVドラマ，ドキュメンタリーのテーマとなることが多く，ポピュラーソングではそれほど取り上げられない．青山和子が歌って1964年の日本レコード大賞を受賞した「愛と死をみつめて」は数少ない例外である．「愛」は「死」と結びつくことで永遠化される．「愛」の唯一の弱点である移ろいやすさが解消されるのである．「愛と死」の組み合わせはライフストーリーのテーマとしては最強といってよい．

　もちろん恋愛だけがポピュラーソングのテーマではない．「自分を見失わないこと」や「夢を諦めないこと」も重要なテーマである．現代社会は人びとをアイデンティティの確立や夢の実現に向けて頑張らせる社会である．しかし，頑張らせる社会は，同時に，挫折させる社会でもある．だから加熱と同時に鎮静（セラピー）がポピュラーカルチャーの重要な機能となる．「頑張れ」と「頑張るな」，「進め」と「立ち止まれ」，「違う自分になれ」と「いまのままの君でいい」，ポピュラーソングにはそうした両義的なメッセージが含まれている．

　コマーシャルや**広告**も文化（制度）としてのライフストーリーを反映している．顧客にある商品を購入させるためには，その商品のある暮らし（人生）がいかに魅力的なものであるかを訴えなければならない．印象的なキャッチコピーによって，写真や映像や音楽によって，「○○のある暮らし」のイメージがわれわれに提示される．その商品に手を伸ばすとき，われわれは何らかのライフストーリーを志向しているのである．

　このようにみてくると，われわれの日々の生活はさまざまな形態のラ

イフストーリーであふれていることに気づくだろう．それらはわれわれが自分自身のライフストーリーを語るときに利用可能な資限なのである．その資源の有効性や問題点を明らかにすることは，ライフストーリー分析の重要な課題の1つである．

 2009年9月

大久保孝治

〈参考文献〉
　ここでは，読者の今後の学習の便宜を考えて，各章の内容と関連した参考文献を紹介しておく．

第1章　ライフストーリーとは
　まず「ライフストーリー」という言葉がタイトルに入っている本から主要なものをあげておく（ただし「ライフストーリー・インタビュー」については第2章の参考文献とする）．
　　やまだようこ編『人生を物語る　ライフストーリーの生成』（ミネルヴァ書房，2000）
　　桜井　厚編『ライフストーリーとジェンダー』（せりか書房，2003）
　　ダニエル・ベルトー『ライフストーリー　エスノ社会学的パースペクティブ』（ミネルヴァ書房，2003）
　　山田富秋編『ライフストーリーの社会学』（北樹出版，2005）
　　桜井　厚『境界文化のライフストーリー』（せりか書房，2005）

　「ライフストーリー」という言葉がタイトルに入っていなくとも，「ライフヒストリー」「語り」「ナラティヴ」「ストーリー」「自己物語」といった言葉がタイトルに入っていれば，「ライフストーリー」との関連が強い．そうした本を以下にあげておく．ライフストーリー研究の広がりを見ておく上で役に立つだろう．
　　中野　卓，桜井　厚編『ライフヒストリーの社会学』（弘文堂，1995）
　　ケン・プラマー『セクシャル・ストーリーの時代　語りのポリティックス』（新曜社，1998）
　　片桐雅隆『「自己と「語り」の社会学　構築主義的展開』（世界思想社，1999）
　　浅野智彦『自己への物語論的接近』（勁草書房，2001）
　　榎本博明『〈ほんとうの自分〉のつくり方　自己物語の心理学』（講談社，2002）
　　野口裕二『ナラティヴの臨床社会学』（勁草書房，2004）
　　山口智子『人生の語りの発達心理学』（ナカニシヤ出版）
　　熊野正浩編『〈語り〉と出会う　質的研究の新たな展開に向けて』（ミネルヴァ書房，2006）
　　谷　富夫編『新編ライフヒストリーを学ぶ人のために』（世界思想社，2008）

　なお，本章で取り上げた映画『ワンダフルライフ』にはノベライズ本が出ている．
　　是枝裕和『小説ワンダフルライフ』（ハヤカワ文庫，1999）

第2章～第4章　ライフストーリー・インタビューの実践⑴ ⑵ ⑶

　ライフストーリー・インタビューの方法論に関する本には以下のようなものがある．
　　桜井　厚『インタビューの社会学　ライフストーリーの聞き方』（せりか書房，2002）
　　桜井　厚，小林多寿子『ライフストーリー・インタビュー　質的研究入門』（せりか書房，2005）
　　ジェイムズ・ホルスタイン，ジェイバー・グブリアム『アクティブ・インタビュー』（せりか書房，2004）

　マイノリティではない「普通の人々」を対象としたインタビュー調査を通して現代人の生き方，考え方を深く考察した文献を4冊紹介しておく．
　　ロバート・N. ベラーほか『心の習慣　アメリカ個人主義のゆくえ』（みすず書房，1991）
　　ロバート・N. ベラーほか『善い社会　道徳的エコロジーの制度論』（みすず書房，2000）
　　宮島　喬，島薗　進編『現代日本人の生のゆくえ　つながりと自律』（藤原書店，2003）
　　小倉康嗣『高齢化社会と日本人の生き方　岐路に立つ現代中年のライフストーリー』（慶応技術大学出版会，2006）

　本章では筆者が勤務先の大学で担当した調査実習をモデルとして話を進めたが，以下はその調査実習の報告書である（いずれも非売品）．
　　『そして彼らは30代の半ばになった　バブル崩壊の前後に大学を卒業した若者たちのライフストーリー』（早稲田大学第一文学部社会学専修大久保ゼミ，2004年3月）
　　『戦後日本の人生問題とライフストーリー』（早稲田大学第一文学部社会学専修大久保ゼミ，2005年4月）
　　『ポピュラーカルチャーとライフストーリー　人生の生き方と語り方の規範についての研究』（早稲田大学第一文学部社会学専修大久保ゼミ，2006年3月）

第5章　ライフフストーリーとしての自伝

　本章で取り上げた清水幾太郎の3冊の自伝は彼の著作集に収められている．
『清水幾太郎著作集』全19巻（講談社，1992-1993）

　単行本としてはたくさんの自伝が出版されているが，日本人の自伝を集成

したものに以下のシリーズがある．
　『日本人の自伝』全23巻（平凡社，1981-1982）
　『作家の自伝』全110巻（日本図書センター，1994-2000）

　日本経済新聞の「私の履歴書」は1956年3月にスタートし，現在も続いており，執筆者は700人を越えている．実業化，政治家，文化人などが中心．連載が終了したものは書籍化されている．

　福岡県筑後市にある「自分史図書館」（自分史サークル黄櫨の会）では，一般の人たちが自費出版した自分史を収集している．
　http://www.wing8.com/dcity-yame/jibunshitosyokan/index.html

第6章　ライフストーリーとしての伝記・童話
　本章で取り上げた野口英世伝，『赤い鳥』の研究書として次の2冊をあげておく．
　野地潤家編『「野口英世」伝の研究』（明治図書，1972）
　河原和枝『子ども観の近代　『赤い鳥』と「童心」の理想』（中公新書，1998）

　近代日本の小説・自伝・日記などを素材とした日本人の「語り」の研究として以下の本をあげておく．
　鈴木登美子『語られた自己　日本近代の私小説言説』（岩波書店，2000）
　青木正美『自己中心の文学　日記が語る明治大正昭和』（博文館新社，2008）
　西川祐子『日記をつづるということ　国民教育装置とその逸脱』（吉川弘文館，2009）
　伊藤　整『近代日本人の発想の諸形式』（岩波文庫，1981）
　磯田光一『近代の感情革命　作家論集』（新潮社，1987）
　佐伯彰一『日本人の自伝』（講談社学術文庫，1991）
　片桐雅隆『過去と記憶の社会学』（世界思想社，2003）

　心理学の分野での自伝を素材とした研究，回想・想起という心理現象の研究に関する本をあげておく．
　大野　久「伝記研究により自己をとらえる」（榎本博明，岡田努編『自己心理学』1，金子書房，2008所収）
　野村豊子『回想法とライフレビュー　その理論と技法』（中央法規出版，1998）
　佐藤浩一ほか編『自伝的記憶の心理学』（北大路書房，2008）

第7章　ライフストーリーとしての人生相談

　本章で取り上げた読売新聞の人生相談記事は縮刷版や CD-ROM で全て読むことができるが，次の本が手軽なので紹介しておく．
　『大正時代の身の上相談』（マガジンハウス，2002）

　最近の読売新聞の人生相談記事（「人生案内」という）はオンラインでも読むことができる．http://www.yomiuri.co.jp/jinsei/

　本章で紹介した見田宗介の論文「現代における不幸の諸類型」（1963）は次の本に納められている．
　北川隆吉編『疎外の社会学』（現代社会学講座第Ⅵ巻，有斐閣，1963）
　見田宗介『新版　現代人の精神構造』（弘文堂，1984）

　新聞の人生相談記事を素材にした家族の研究として次の本を紹介しておく．
　有地　亨，植木とみ子『日本の家族　身の上相談に見る夫婦，百年の変遷』
　　（海鳥社，2008）

早稲田社会学ブックレット出版企画について

　社会主義思想を背景に社会再組織化を目指す学問の場として1903年に結成された早稲田社会学会は，戦時統制下で衰退を余儀なくされる．戦後日本の復興期に新たに自由な気風のもとで「早大社会学会」が設立され，戦後日本社会学の発展に貢献すべく希望をもってその活動を開始した．爾来，同学会は，戦後の急激な社会変動を経験するなかで，地道な実証研究，社会学理論研究の両面において，早稲田大学をはじめ多くの大学で活躍する社会学者を多数輩出してきた．1990年に，門戸を広げるべく，改めて「早稲田社会学会」という名称のもとに再組織されるが，その歴史は戦後に限定しても悠に半世紀を超える．

　新世紀に入りほぼ10年を迎えようとする今日，社会の液状化，個人化，グローバリゼーションなど，社会の存立条件や社会学それ自体の枠組みについての根底からの問い直しを迫る事態が生じている一方，地道なデータ収集と分析に基づきつつ豊かな社会学的想像力を必要とする理論化作業，社会問題へのより実践的なかかわりへの要請も強まっている．

　早稲田社会学ブックレットは，意欲的な取り組みを続ける早稲田社会学会の会員が中心となり，以上のような今日の社会学の現状と背景を見据え，「社会学のポテンシャル」「現代社会学のトピックス」「社会調査のリテラシー」の３つを柱として，今日の社会学についての斬新な観点を提示しつつ，社会学的なものの見方と研究方法，今後の課題などについて実践的な視点からわかりやすく解説することを目指すシリーズとして企画された．多くの大学生，行政，一般の人びとに広く読んでいただけるものとなることを念じている．

2008年２月10日

早稲田社会学ブックレット編集委員会

大久保孝治（おおくぼ・たかじ）1954年東京生まれ．現職：早稲田大学文学学術院教授
　早稲田大学第一文学部人文専修卒業，早稲田大学大学院文学研究科社会学専攻博士課程単位取得退学
　専攻：ライフストーリー研究　知識人論　家族社会学
　主な著書
『日常生活の社会学』学文社，2008『ライフコース論』（共著）放送大学教育振興会，1995『新訂 生活学入門』（共著）放送大学教育振興会，1998『きみたちの今いる場所』数研出版，2000『変容する人生』（編著）コロナ社，2001など